春秋故事

一口气读懂中国史

将进酒·黄 著

人民东方出版传媒
東方出版社

春秋大事记

公元前 770 年　周平王东迁，春秋开始

公元前 722 年　鲁隐公即位

　　　　　　　郑庄公克段

公元前 707 年　周桓王伐郑，郑射伤桓公

公元前 685 年　齐桓公即位，任管仲为相

公元前 679 年　齐桓公会诸侯于甄，始霸

公元前 638 年　宋襄公伐郑，襄公受伤，

　　　　　　　第二年去世

公元前 636 年　晋文公重耳即位

公元前 613 年　楚庄王即位

公元前 607 年　赵穿杀晋灵公，立成公

公元前 606 年　楚庄王问鼎

公元前 514 年　吴公子光立，即阖闾

公元前 506 年　伍子胥攻陷楚都，掘楚平王墓

公元前 496 年　越勾践即位

公元前 473 年　越王勾践灭吴，吴王夫差自杀

目录

第一章　郑国小霸

第二章　齐国的故事

第四章　楚王南来

第五章　吴越谁雄

引 子

公元前 770 年，犬戎攻陷周王朝的国都镐京，周平王东迁洛邑（今河南洛阳），这就是东周的开始，同时，这也是春秋时代的开始。

东周，又分为春秋和战国两个时期。一般的分法是，从公元前 770 年到前 476 年，这是春秋时代；从前 475 年到前 221 年，这是战国时代。战国时代的终结，也就是东周王朝的终结，一个新的统一王朝代之而起，那就是秦帝国。

这是最好的时代，也是最坏的时代。

在春秋和战国时代，既有人才辈出，闪耀如群星；思想焕发，百家争鸣；也有攻伐滥杀、人民流离；阴谋当道，强权横行，礼坏乐崩，不仁不义。简单地说，在这个时代，名义上的大哥周天子，已经不管用了，威信全无；小弟们则各自为政，互相竞争，谁的拳头大、力量强，谁说了算，今天哥儿俩好，明天就可能为了一块地而打得头破血流。

为了在竞争中脱颖而出，各国努力发展、各显神通，大打人才战、外交战，台面上的道德仁义、台面下的阴谋交易，都纷纷上场。所以说，春秋和战国时代，又是中国历史上最有故事的时代，最具有传奇色彩的时代。

第一章　郑国小霸

周平王迁都洛邑后，春秋时代开始。

春秋有五霸之说，但到底是哪五霸，说法不一。五霸的候选名单主要有：郑庄公、齐桓公、宋襄公、秦穆公、晋文公、楚庄王、吴王夫差、越王勾践。这些人中，有些是真霸主，有些是假霸主。

故事就从郑庄公说起。

烽火戏诸侯

西周王朝最后一个王——周幽王上台不久，就把总对他说三道四的褒国国君扔进监狱。褒国国君的儿子深知周幽王不理朝政，喜欢吃喝玩乐，更喜欢美女，于是找了一个叫褒姒的美女送给了周幽王。周幽王见到美女，高兴至极，立即释放了褒国国君。

几年后，周幽王突然发现一个问题。褒姒这个女人美得一塌糊涂，可平时总板着脸。周幽王清晰地记得，褒姒这么多年来就没有笑过。有一天，他问褒姒："我怎么没见你笑过？"

褒姒幽幽地回道："我不知笑为何物。"

周幽王就给她做了个示范。褒姒想模仿，可惜不成。周幽王就去找一个叫虢石父的大臣，问他有什么能够让褒姒笑的高招。

虢石父经常见到褒姒，听周幽王这么一问，他也发现褒姒从来没有笑过。但他纵然狡猾如鼠，也想不出来让一个不笑的人放声大笑的办法。

想让心爱的女人开心大笑的愿望，促使周幽王开始了一连串

庙堂真相

秦始皇之前无"皇帝"

除了传说时代有个"三皇五帝"外，在秦始皇之前，中国最大的官儿就是"王"，"王"是天下的共主，如周幽王。比"王"小一点的称"公"，如齐桓公。再小一点的称"侯"，如晋文侯（晋文公的祖先）。

的试验，他把这试验看得很重要。他找来宫廷乐队演奏乐曲，但褒姒不笑。他觉得这个问题很有挑战性，就问："你到底听什么声音才能笑呢？"

褒姒回答，她也不知道，只不过有次听到丝绸被撕碎的声音，心里很舒服，想笑来着，可不知道怎么笑。

周幽王大笑，立即找来丝绸，让人撕碎。可褒姒依旧不笑。

周幽王用尽了各种办法，始终不能让褒姒一笑。

周幽王越是达不到目的就越有兴趣，他贴出告示：谁能博得褒后一笑，赏赐千金。

"千金买笑"的成语即来源于此。

告示一贴，周朝有智慧的百姓全都冒了出来。

有人出主意说，将周朝所有的小丑和耍猴的聚集起来给褒姒表演；还有人说，一个女人之所以不笑，可能是因为男人对她不好，对她好点就成了；又有人说，可用"物极必反"这个理论来解决，首先惹她不高兴，她会大哭，最终就会笑的。

所有这些方法，对一般人来说可能是很有效的，但这回要面对的是褒姒，所以一点效果也没有。虢石父在家里思考了很久，

一句话读历史

夏桀：太阳不落我不落

传说夏桀是夏朝最后一任君主，他荒淫残暴，不顾百姓死活。他在宫中树上挂满熟肉，在池里倒满美酒，即"肉林""酒池"，极尽奢靡。而老百姓却吃不饱穿不暖，人们诅咒他快点灭亡，夏桀却满不在乎，说："日有亡哉？日亡吾亦亡矣！"——太阳会灭亡吗？太阳不亡我不亡。不久后，商汤革命，夏桀被放逐，活活饿死。

终于想到了一个主意——点火。

周幽王当时还不明白，问他：烧谁?

虢石父回答：点烽火台。

周幽王还是不明白。

虢石父说，大王若要王后笑，可同她游玩骊山，夜举烽烟。按惯例，诸侯见到火光后，必会领兵前来，到了后，发现没有事，王后看到他们被耍弄的样儿，必笑无疑。

周幽王明白了，这是跟诸侯开个小玩笑。

虢石父所说的烽火台是指燃烧烽火的地点，汉代称“烽燧”或“烟墩”。当初，西周先王们为了抵御戎人（西北的少数民族），在骊山（今天陕西省临潼东南）修建了20多座烽火台，每隔数里一座。一旦戎人举兵犯境，最先接敌的士兵就在第一座烽火台上点起预先准备好的木柴堆，狼烟直上，火光冲天。相邻的各座烽火台发现信号后，依次点燃烽火，各地的诸侯见到烟火就发兵“勤王”。

但凡有头脑的人都知道，这个玩笑是开不得的。这纯粹是拿国家安危开玩笑。当有大臣试图劝阻这位“情圣”时，得到的却

典故制度

帝都曰京师，故乡曰梓里

帝都，就是帝王所在之地，国都、首都。京师，京，大的意思；师，众，即人多的意思；所以用京师来泛称国都。古人房前屋后，遍种桑树或梓树；里，居住的地方；所以“梓里”或“桑梓”都是用来指代家乡。

是一顿臭骂和“一切后果由我负责”的承诺。

一天夜里，幽王让人燃起烽火，又擂起大鼓。

鼓声如雷，烽火冲天。周王朝的诸侯们一见到烽火，连衣服都来不及穿戴齐全，就集合人马，飞奔往都城而来。

可当他们到了骊山脚下时，却发现国王正与褒姒在楼上饮酒作乐，还有音乐陪伴。正当他们疑惑不解时，周幽王派人来说：“没有敌人，大家辛苦了。”

诸侯们面面相觑，知道自己被国王当猴耍了。褒妃在楼上，凭栏望见诸侯匆匆而来悻悻而去，突然抚掌大笑，笑声冲上云霄，和烽火消散在夜空中。

周幽王终于博得美人一笑，但危机已经开始了。

当初，褒姒进宫后受到周幽王的宠爱，王后和太子极为不满。褒姒生下孩子后，太子更受冷遇了，干脆被废掉。于是这个被废的太子跑到外公申侯那里，对外公诉说父亲的混蛋样子。申侯大为恼火，就给周幽王写了封信。他大骂周幽王无道，并预言道：“夏朝和商朝灭亡的事可能又要发生了！”这显然是在骂周幽王是桀纣，周幽王立即举兵讨伐申侯，申侯没有办法，联合了犬戎，

一句话读历史

召公：防民之口，甚于防川

周厉王荒淫无度，老百姓纷纷咒骂他，周厉王问计于大臣，大臣把骂国王的人都抓起来，到后来，老百姓都不敢说话了，见面都用眼神示意，这就是成语“道路以目”的出处。周厉王再也听不到有人说他坏话了，很满意。召公对他说：“你这是堵住了百姓的嘴。要知道，防民之口，甚于防川，堵是最危险的。”周厉王不听，后来国人冲进王宫，把周厉王赶跑了。

两支军队很快就来到都城镐京。周幽王急忙让人点烽火，可是由于曾经被耍过，这一次，没有一个诸侯领兵前来“勤王”。犬戎和申侯攻破了镐京，周幽王和褒姒双双死在了骊山之下，西周就这样灭亡了。

不久后，太子在几个诸侯的扶持下，继位为王，是为周平王。由于镐京被犬戎军队折腾得一塌糊涂，周平王迁都洛邑，东周的春秋阶段正式开始。

向历史借智慧

别拿爱情当做坏事的理由

爱情是一种很美好的情感，一个坏国王的爱情也是爱情，我们没必要因为鄙视一个坏人，就连他的爱情也鄙视了。周幽王的错误在于，他以一种美好的情感为借口，去做了一件最荒唐的事情，所以，后果自负。爱情不应该成为一个人做坏事的理由，相反地，爱情应该是一个让坏人变好、变得有人情味的好理由。

郑庄公灭弟

郑庄公从小就不讨母亲姜氏的喜爱，因为母亲生他的时候难产，吃了很多苦头。后来他弟弟段出生了，郑庄公就一丝母爱都得不到了。姜氏因为喜欢小儿子，所以经常在郑武公面前说段的好话，要郑武公百年之后把国君的位置交给段。郑武公清醒得很，坚决不同意姜氏的请求。

郑武公死后，郑庄公继位，姜氏如同怨妇一样，总给郑庄公找麻烦。

郑武公尸骨未寒，姜氏就跑到郑庄公面前，让他把国内一个叫制邑的地方封给小儿子段。

郑庄公面无表情地说："制邑是个险要的地方，从前父亲灭东虢国，虢国国君就死在那里，这个地方不吉祥。其他的地方，随你挑。"姜氏跑回家找来段，母子俩商量了很久，认为京邑（今河南荥阳）这个地方很好，就去找郑庄公。郑庄公痛快地答应了。

郑庄公手下有个大臣叫祭仲，他很不理解郑庄公的做法，来

社会风情

"公子"是一种身份

春秋时候说"公子"，并不是讲这人是年轻帅哥，或者是有钱人家的孩子，更不是复姓"公子"，而是指诸侯的儿子或女儿（女公子）。如果被预定为接班人，则称太子。公子的儿子称"公孙"，后来"公孙"成为姓。

找郑庄公说：“您新近才主持国事，我认为您经验很不足啊。”

“哦？”

“依传统，国君分封给他人的城，城墙如果超过三百丈，那对国家是不利的。咱们郑国也有这样的制度规定，那就是，国内最大的城邑的城墙不能超过国都的三分之一，中等的不得超过它的五分之一，小的不能超过它的九分之一。但现在却不是这样，京邑的城墙已经违反了制度，恐怕对您有所不利。”

庄公说：“这是母亲要求的，而且我已经答应了她，我还能怎样！”

祭仲有点恨铁不成钢地说：“姜氏哪有满足的时候！不如及早处置，别让祸根滋长蔓延，否则就难办了。蔓延开来的野草还不能铲除干净，何况是您受宠爱的弟弟呢？”

庄公面无表情地说：“多做不义的事情，必定会自己垮台，你姑且瞧着吧。”

段到了京邑，并不安分守己，不久后，段竟然把手伸向了郑国的西部和北部边境，大有要跟庄公对抗的意思，又把附近的两个小邑拉进了自己的势力范围。

庙堂真相

郑国起源

郑国的历史要从郑桓公开始算起，桓公是周厉王的小儿子，周厉王就是周朝那个有名的“防民之口甚于防川”、老百姓相见“道路以目”的国王。到郑庄公（前 744 年即位），是第三代。春秋开始之前几年（前 773 年），郑国迁至今河南省北部，都城为新郑。

又一位大臣公子吕焦急地来问郑庄公："国家不能有两个国君，现在您打算怎么办？您如果打算把郑国交给段，那么我就去服侍他；如果不给，那么就请除掉他，不要使百姓们产生疑虑。"

庄公笑了笑："他这种人，轮不到我们动手，老天会惩罚他的。"公子吕不信天，但又不能不听命令，闷闷地走了。

段见哥哥郑庄公没有理会自己，胆子更大了起来，地盘越整越大，一直扩展到廪延。

公子吕坐不住了，又来找郑庄公："我们该做点什么了吧！段的土地越来越大，肯定会坏事的。"

庄公还是一笑："土地大有什么用，他对君主不义，对兄长不亲，迟早会完蛋。"

公子吕急得都想哭。

段越来越认为哥哥就是个纸老虎了，他开始修治城郭，聚集百姓，打制盔甲武器，准备兵马战车，欲攻进京城把哥哥搞下台。

整个郑国都知道有这样的事，似乎只有郑庄公一个人不知道。

一天，郑庄公对外宣称，要去朝见周天子。姜氏知道了郑庄公出行的日期，给小儿子段写了封信，约好时间，里应外合，一

典故制度

桐叶封唐

周成王是西周第二代王，小小年纪就很会做皇帝。一天与弟弟叔虞玩耍时，周成王捡了一片桐叶削成"珪"的形状，送给叔虞，说："好弟弟，我以此封你为诸侯！"一旁的史官听说了，连忙过来请示小领导，择日封叔虞为诸侯。成王说："您别当真，我与弟弟闹着玩呢！"史官说："天子无戏言呀，说到就要做到。"于是封叔虞于唐，史称"桐叶封唐"。

举拿下京城。

姜氏的亲信刚一出城门，就被等候多时的郑庄公亲信捉到了。郑庄公把信公告天下，调动早已经准备好的军队，去讨伐京邑。段在京邑听说了姜氏的事情，又见到哥哥的大军到来，先丧失了斗志，他苦心拉拢来的城邑立即背叛了他，段只好狼狈地逃到鄢城。

郑庄公凯旋，曾经劝谏他的那两个大臣感叹万千，自愧不如。

向历史借智慧

郑庄公的“钓鱼执法”

春秋时期是一个老谋深算者才能生存的时代。和祭仲、公子吕等人比起来，郑庄公就显得蔫坏蔫坏的，他一边满足、纵容弟弟干坏事，一边暗地里苦练刀法，时刻准备一招制敌。这种太狠的招数，弟弟段看不懂，所以就上了“钓鱼执法”的当。正如一句话所说的，上帝让一个人灭亡，必先让他疯狂。段就是不自量力，疯狂了一把，结果被轻而易举地解决了。可见，给自己准备一个聪明的大脑有多重要啊！

周郑交质

有那么一段日子，周平王心事很重。当初来洛邑时，拥护他的几个诸侯与他约定，倘若本国事务不忙，就会来洛邑帮助周平王处理政事。不过时间一长，周平王发现，郑庄公这个人私心很重，喜欢以权谋私。由于郑庄公这个人很聪明，周平王一时捉不到他的把柄。有一天，周平王对另一位辅政大臣虢公说："郑庄公好久没有来了，我想把所有政务都交给你来处理。"

虢公认为这样不好，因为自东迁以来，郑武公与郑庄公父子对东周王朝贡献很大，贡献大，就表明权力大。周平王现在明摆着是要收回郑庄公的部分权力，郑庄公可不是会被人随意捏的软柿子。

虢公说郑庄公这段时间有点忙，先前，他的弟弟造反，他处理完了。接着，他的侄子又跑到卫国，他又打卫国去了。只有把郑国的事情处理好了，他才有精力来为周王朝出力啊。

周平王冷哼了一声，说，当初他爹在的时候，就总以我的名

野史秘闻

舜立谤木

尧曾在门外支了一面鼓，如果百姓有事情想要说给他听，就去敲那面鼓。舜比尧要细心，认为许多百姓千里迢迢地赶到自己的办公地点很是辛苦，于是"立谤木"，所谓"谤木"，就是安在路边，以供行人识别道路的标志，后人又称它为"诽谤木"。舜规定，每个人都可以在"诽谤木"上留下想说给他听的话，或者是讨论某人某事的是与非。

义四处去找小国打架，抢人家粮食，抢人家地盘，抢人家女人。现在他也是这副德行。我身边要是有这样的人，诸侯们可怎么看我呢？

不论周平王怎么说，虢公就是不同意，后来干脆跑回自己的封地去了。周平王以为这件事就这样算了，想不到隔墙有耳。郑庄公在平王身边安插了内鬼，内鬼很快就给郑庄公送去了情报。郑庄公立即起程，星夜赶到了洛邑。

第二天，大家互相行礼完毕，郑庄公看准了周平王，说道："您对我们真是恩重如山，让我们父子二人相继执政。但我现在发现自己愚蠢得很，不能使国家满意，我看，您还是辞退我，让我回到封地，好好过下半生吧。"

周平王脸色很难看，知道郑庄公已经知道了他的算盘，勉强一笑，说："你好些日子不在这里，我都快想死你了。现在你一来，我就如同干渴的鱼遇到水一样，你怎么会说出这样的话来呢？"

郑庄公不依不饶，他先把自己国中的事情说了一遍，然后说自己是通过国人的口口相传得到的消息，最后说："我的才能不及虢公一半，怎么能在这里只知道吃饭不干活呢？还是请您赶紧

一句话读历史

为利而来，无利则去

赵国名将廉颇，得意时，门客如云。失势时，门客们一个个卷了铺盖走人。再后来，廉颇又重新得到任用，那些离开的门客又三三两两地回来。廉颇认为他们是势利眼，不想接纳，有门客振振有词地跟廉颇讲道理："君有势，我则从君；君无势，则去。"——我们这些门客，本就是为利而来，你有权势了，我们跟着你；你没有权势了，我们自然要离你而去。

辞了我吧。”

周平王也豁出去了，就承认了自己的确要让虢公主持全部朝政的事情。郑庄公继续逼平王：“国政可是大事，不是我说什么就是什么。用什么样的人，都是您说了算。我看我还是退了吧，不然，有人会说我贪恋权势，不知进退！”

周平王已经被逼得无路可退，只好咬着牙，却还要装出平和的样子说道：“你和你父亲都对国家有功，这四十多年来，咱们合作得很愉快。你现在既然这么怀疑我，我看这样，我让太子去郑国做人质，你看如何？”

郑庄公想不到周平王会使出这一招，立即没有了主意。思考了很久，郑庄公才说：“我的去和留，是臣下的本分。从古到今，哪有天子让太子去诸侯国当人质的？您这样做，就是把我推进万丈深渊啊！”

周平王心里暗骂，嘴上却说道：“其实我也有私心，我是想让太子到你的封国去取经，弄明白为什么你的国家治理得那么好。如果你再推辞，那就是责怪我了。”

郑庄公见水到渠成，但仍不肯顺水推舟，对周平王表示，自

一句话读历史

羊斟：我的马车我做主

春秋时，宋国大夫华元率军攻打郑国。为了振奋士气，华元吩咐战前大会餐，给每人一大块羊肉。但分到华元的马车夫羊斟时，肉分光了，羊斟很生气。第二天战场上，羊斟突然倒戈，驾着马车，拉着车上的华元，直奔郑国营地，华元稀里糊涂中就成了俘虏。羊斟的理由就是：“畴昔之羊，子为政，今日之御，我为政。”——之前，羊肉怎么分，你做主；今天，这驾马车往哪跑，我说了算。所以，千万别得罪小人物。

己死都不肯接受这样的旨意。下朝后，他让人怂恿群臣，群臣就找到周平王说："如果不让太子去郑国做人质，郑庄公肯定会辞职；倘若让太子去，郑庄公又背了'逆臣'的骂名。倒不如让他的儿子来周，相互交换人质，可谓两全其美。"

周平王答应了。

不久后，郑庄公先把世子送到周都城，周平王接着把太子送到了郑国。

这就是春秋初期的"周郑交质"，它说明了一个很严重的问题：周王朝的威严已经打折扣了，郑庄公成为春秋初期的不世之霸。

向历史借智慧

历史是实力者的游戏

读历史的人都知道春秋有五霸，郑庄公则是"五霸"长成之前的一位"春秋小霸"。周王室作为天下所有诸侯国的共主，竟然需要和诸侯国互相交换人质，也就是把王室和诸侯放到了平级的位置上，这无疑是周王室开始没落的标志。历史是实力者的游戏，谁的腰杆粗，谁的黄金项链粗，谁就有更大的话语权。

这道理，您懂的！

周桓王被射

周桓王是周平王的孙子，东周的第二任王。公元前 720 年，周平王死后，在郑国当人质的太子回洛邑守灵，见到父亲的棺材后，这位羸弱的太子就号啕不已，几天后，居然哭死了。他一死，他的儿子继位为王，是为周桓王。

周桓王一继位，就对郑庄公愤恨不已。他认为自己的老爸是因为在郑国当人质才变得那么羸弱，然后哭死的。所以，他继位不久，就把郑庄公的摄政大臣的身份给废了。郑庄公知道后，大为愤怒，派兵去抢劫了周王朝洛邑郊区的粮食，算是给桓王一点颜色瞧瞧。当他按传统来朝见新王的时候，周桓王对郑庄公很不礼貌，问郑庄公："郑国今年收成怎样？"郑庄公回答：还可以。周桓王不阴不阳地回了句：那之前抢的粮食就拿去喂猪吧！

郑庄公被憋得很难受，因为那些粮食他也吃过。

他一怒之下跑回郑国去了。自此，郑庄公一连五年不去见周桓王。周王朝有规定，诸侯连续三年不朝就是造反！这下，新仇

庙堂真相

立功也要悠着点

射中周桓王的神射手叫祝聃。战后论功行赏，人人都有奖励，只有祝聃什么也没有。祝聃气不过，找郑庄公讨说法。庄公说，你射中了天子，我如果给你奖励，那天下人岂不都要骂我？祝聃很郁闷，明明是你说要打仗，可打完了又数落手下人打仗太努力了，天下有这样的道理吗？庄公的心思真不好猜呀！

旧恨一起发作，周桓王决定讨伐郑庄公。

当时周王朝的中央军已经很弱了，周桓王联络了和郑国有仇的蔡、卫、陈三个侯国，组成了四国联军，向郑国奔来。

郑庄公得到消息后，当然不会束手待毙，他召集将领，调集军队，部署作战方略，然后来到边境，等着周桓王的到来。

周桓王本来是想吓唬一下郑庄公，可当他来到郑国边境的时候，发现郑国军队居然严阵以待。他被气得死去活来，在阵前大叫让郑庄公出来讲话，郑庄公躲在阵营里，就是不出来。周桓王见来时准备的那些话没有派上用场，就命令军队进攻。郑国军队也冲了过来。双方混战到一起，周桓王突然发现，郑军果然骁勇。这么多年来，郑庄公讨伐这个，讨伐那个，原来把军队训练得这么好。

四国联军很快就溃败了，周桓王也往后退，但希望退得有面子一点，于是，他一面大喊战略转移，一面在战车上手舞足蹈，很怕别人不知道他是周王一样。郑国军中的一位神射手猛地看见了周桓王，抽出一支箭来，瞄准周桓王的脑袋就射了出去。由于周桓王在车上不安静，所以，箭没有射中脑袋，而是射中了他的

野史秘闻

肺石与申冤

商周时代，想要告状，需忍受常人所不能忍的艰辛。告状人必须站在一块形状像寺庙里敲击用的响石，但比响石更大，颜色赤红，长达到八九尺，形状如下垂的肺的石头下，当时人称为肺石。申冤者敲击肺石，然后站在它的下面三天三夜，最后，官员才肯见申冤者。

肩膀。

周桓王长这么大，从来没有见过自己的血，“哎呀”一声，命人掉转车头就跑。

那名神射手刚要追击，却听到郑军收兵的锣鼓声。见到郑庄公后，他很丧气，说，主公，我很快就捉到那个混蛋王了，您怎么就收兵了？

郑庄公笑了，说，射伤他容易，活捉他也容易，可活捉后怎么办呢？

周桓王一路跑回了洛邑，又是气又是羞，不吃不喝。几天后，郑庄公派人送来道歉信，大意是说，我不朝是我的错。我现在就朝；您亲自出征，可是您的错。射您那人后来还想要捉您，我训斥了他。您如果没有消气，我过几天去见您的时候，把他押上？

周桓王有了这个台阶，想了很久，就顺着台阶下来了。

自这次周桓王亲征后，东周王朝的天子再也没有亲征过。那一箭，似乎就是给东周天子的亲征画上了一个句号。

向历史借智慧

捉王容易放王难

周桓王时期，周天子的威望虽然已经打了折扣，但天子到底是天子，威望打了折扣之后还是很尊贵的存在。郑庄公称称小霸还行，但真要和周天子争个你死我活，恐怕还没这个胆，周边还有一大堆诸侯国在虎视眈眈呢。郑庄公的老谋深算之处就在于，在对待周天子这件事上，他始终把着一个很准的“度”：既要示以颜色，又不弄得事态没法收拾。这种能力，是成功人士必须具备的。

一只大鼋引发的血案

郑穆公死后，由太子夷继位，就是郑灵公，但实权掌握在公子宋与公子归生手里。

这天，公子宋与归生约好早起，一同去拜见郑灵公。半道上，公子宋的食指忽然跳动起来。他兴奋地把跳动着的食指给归生看，笑着对他说：你等着瞧吧，今天咱们一准儿又有好吃的了。

归生茫然。公子宋解释说：这是我的特异功能啊，真不骗你。有一次，我出使晋国，这指头一跳，我就吃到了石花鱼；还有一次，我到楚国，这指头一跳，我又吃到了天鹅和合欢橘；每次有好吃的，这食指都提前跳动，没有不灵验的。

归生将信将疑。两个人快进朝门的时候，就听内侍传令，叫厨师入朝。两人一打听，原来有人在汉江里捉得一只大鼋，有二百多斤重，特地献给灵公，现在大鼋就捆在堂下，灵公准备用它来犒劳大夫们呢。听到这里，归生非常吃惊。公子宋得意地说：怎么样？你这回相信了吧？不服不行啊。两个人说笑着进了朝堂，

庙堂真相

先天不足是郑国的致命痛

公元前 701 年，郑庄公去世，他在位四十三年，郑国从此由盛转衰。郑国本就国小地窄，先天不足，往南往北发展都不容易。庄公之后，国内历经纷乱，经六代到郑灵公；国际舞台上，北方齐国崛起，南方楚国也挟蛮气而生。底子太薄，就会后劲不足，这是郑国的教训。

一眼就看见大鼋捆绑在堂下，于是禁不住大笑起来。

不用说，两个人拜见郑灵公的时候，脸上还挂着笑。郑灵公就问，二位有什么喜事啊？公子归生就笑着将刚才的奇闻，向郑灵公说了一遍。

郑灵公一听，坏笑着撇撇嘴，说：灵与不灵，最终还是我说了算啊！二人权当是玩笑话，也没往心里去。等汇报完出来，公子归生有些担心，对公子宋说：美味虽然有了，可如果大王不请你，那不瞎了吗？公子宋撇撇嘴说：既然大家都有份，能没我的份吗？

转天，大鼋肉做好了，灵工果然通知了所有的大臣赴宴，公子宋和归生也高高兴兴地来吃肉。

一会儿，大臣都到齐了，灵公就命大家入席叙坐。接着，君臣又客气一番，宴会就正式开始了。

厨子先献了一碗给灵公，灵公一边尝，一边盛赞大鼋肉的鲜美。随后，灵公又命厨子给每人先盛一碗肉汤。厨子从下席开始分起，轮到公子宋和公子归生时，厨子来报：不好了，只剩下最后一碗了，请问大王，给谁好啊？

灵公随口说，那就赐给归生吧。看到这情形，公子宋与公子

一句话读历史

宋神宗：何世无小人

宋神宗准备用王安石变法。神宗说：李世民得到魏徵，刘备得到诸葛亮，然后成就功业。魏徵和诸葛亮，真是不世出的人物啊！王安石答：只要是明君，就能得到不世出的高人；得到高人，也要给以足够信任，不要被小人使坏。宋神宗不以为然："何世无小人，虽尧舜之时，不能无四凶。"四凶，是尧舜时期四个最大的坏人。——这世界上，有没有小人的时代吗？所以指望所有人都能温柔待你的幻想是绝对错误的。

归生面面相觑，好不尴尬。

这时候，灵公一脸坏笑地对公子宋说：你的食指两三天前就开始跳了，怎么样，这回怎么不灵了？

原来灵公故意吩咐厨子少盛了一碗肉汤，想要公子宋当众出丑，好做个笑柄。

公子宋一看，火儿腾一下就上来了，就见他直接奔到灵公面前，把手伸进碗中，抓起一块肉丢在嘴里，一边嚼，一边说：谁说我的手指不灵啊，我这不是尝到肉了吗？！说完，扬长而去。

灵公顿时大怒，把筷子扔到地上说：这人如此没规矩，这不是明摆着欺负人吗！难道他以为咱们郑国没有利刃，可以砍掉他的脑袋吗？！

归生等人吓了一跳，都离座跪伏在地上说，那个人只是开个玩笑，请大王息怒。灵公余怒难消，结果不欢而散。

散场后，归生立即赶到公子宋的家，将灵公发怒的事情告诉他，敦促他第二天上朝给灵公赔礼道歉。公子宋还在耿耿于怀呢，说，他无礼在先，应该他向我道歉才对，凭什么我向他道歉啊？

归生赶紧打圆场说：话虽然这么说，但你是臣子，不能不谢罪。

野史秘闻

收集民意

夏王朝时，政府派出一些官员手持一种敲击乐器（上部横向的中空共鸣器为细腰鼓状，与其细腰垂直，中间接一手柄）行走在全国各地的大路、小路上，敲击它以吸引百姓来报告事情和提意见以及论某人某事的是与非。这可能就是后来“告御状”的由来。

公子宋勉强答应了。

第二天，两人一同上朝。公子宋只随大家行礼，没有一点谢罪的表示。倒是归生感到不安，急忙奏道：公子宋因为害怕主公责备，特来请罪。战战兢兢不能措辞，请主公宽恕！

灵公没好气地说：是我得罪了他，他怎么怕起我来了？

说完拂袖而去。

公子宋出来，把归生请到家里，说他要谋杀灵公。归生大吃一惊，吓得捂住耳朵说：这是你的主意，我可什么也没听见啊。

到这里，公子宋可以说是铁了心要杀灵公。他一心想将归生拉上贼船，可是，归生天生胆儿小，实在不愿意因为一口肉汤而杀死一个国君。最后，他不得已表明态度：你干什么都不关我的事，我保证不和你为敌就是了。

有了这句话，公子宋就肆无忌惮了。果然，没几天，他趁灵公秋天祭祀住在斋宫的机会，重金买通左右，半夜摸进斋宫，用装满了土的袋子压死了灵公。转天，公子坚即位，称为襄公。这一年是公元前 605 年。

向历史借智慧

意气之争惹出大祸

两个人过桥，一个人挑担，一个人空着手，都走到桥中央了，桥窄没法让两个人同时通过，怎么办呢？挑担的觉得对方应该退回去，空手的觉得自己不能吃这个亏，反正空手不累，你要耗着我就陪着……这样的故事，结果只可能是，人人都憋了一肚子气不说，还会打得头破血流。意气之争之所以可怕，是因为一旦争上了，就忘了事情的起因，争的就是一口气，结果这口气就越憋越大，非要有人受伤才能罢休。

懿公好鹤

卫懿公是卫惠公的儿子、卫宣公的孙子。这祖孙三代各有特色：卫宣公好色；卫惠公奸诈；卫懿公有所不同，他的爱好比较高雅，他喜欢的是——仙鹤。

卫懿公喜欢仙鹤到了什么程度？看看下面几件小事就明白了。

首先，他下令，凡是向他进献仙鹤的人，都可以得到赏赐。对一个国君来说，这其实非常正常。但是，卫懿公觉得这样还不够，还不足以表达自己对仙鹤的景仰之情，于是，他根据这些宝贝儿的品种、毛色甚或是走路的优雅程度，逐一给它们封了爵位。

不过，需要说明的是，这些爵位本质上都是一些荣誉称号，具体在饲养方面，卫懿公对于它们那可是一视同仁的。

可以想象，这样的宝贝儿饲养起来，费用绝对不会低廉，说是锦衣玉食一点儿也不为过。这是一笔巨大的开销，可苦了卫国的老百姓了，他们不敢骂国君，只能暗地里诅咒这些仙鹤，寻思着什么时候要报仇雪恨。

庙堂真相

卫国起源

到卫懿公这里时，卫国已经历六七代国君，但卫国虽然立国早，却国家小，民寡君弱，历来是被欺负的对象。前660年，卫懿公战死后，卫国只剩下五千余人，流离失所。但卫国寿命却极长，是东周列国中享国祚最长的，直到秦二世时才被灭。卫国位置约在今河南一带，早期定都朝歌，朝歌为原来商朝的国都。

老百姓的这些心思，卫懿公可没有兴趣知道。对于他来说，有上面的赏赐还不算完，他还要给仙鹤更多更好的待遇。

于是，每次卫懿公出门时，他先是自己舒舒服服地坐在车里，仙鹤们则亭亭玉立在两旁，算是担任警戒任务。卫国的老百姓就在暗地里将它们称为“鹤将军”。

此外，由于怕硬板车的级别不够，颠坏了这些宝贝，卫懿公特地命人在这些车的车厢下搞了个弓形的装置。不难看出，这些弓型装置，其实就是现代轿车的减震模式。

可是，这样的好日子没有持续多久，北边的少数民族北狄就打过来了。消息传到卫国都城时，卫懿公正打算载鹤出游，也就是准备出去遛鸟。不用说，卫懿公当时是大吃一惊。这许多日子以来，他头脑中压根儿就没有“打仗”这个概念。

他一惊之下，不敢再优哉游哉出去遛鸟了，急忙召集军队。但士兵数量太少，官员们准备现场发动群众。可是，这时候，城中老百姓一眨眼工夫全都躲起来了，他们心想，国君不是有鹤将军顶着吗？咱们着什么急呀！

就这样，卫懿公连壮丁都没有地儿可抓。好不容易抓了几百

一句话读历史

宦官：别拿性命开玩笑

唐昭宗时，朝政权力掌握在宦官手中，甚至皇帝自己的安全都没有了保障。宰相韦贻范被撤职后，找到宦官求援，宦官威逼翰林学士韩偓起草诏书，恢复韦贻范的相位。韩偓不肯屈从，宦官大叫：“学士勿以死为戏！”——你可不要拿自己的性命开玩笑哦！

人回来，把武器发给他们，问他们：干吗要跑啊？太平盛世的，这是哪一出啊？

卫国的百姓也非常有幽默感，他们说：您有一件秘密武器足以降服敌人，要我们顶什么事啊？

卫懿公有点疑惑，问：我有什么秘密武器？我怎么不知道啊？

大家异口同声地说：您有仙鹤将军呀！

卫懿公更奇怪了，问道：仙鹤怎么能打仗？

大家答道：既然仙鹤不能打仗，那么您为什么还将它们当宝贝一样养着呢？

聪明的卫懿公幡然醒悟。于是他长叹了一口气，悬崖勒马：我知道错了！我现在就把它们放了！你们可不能丢下我！

说干就干，他毅然命人把那些仙鹤放掉。但是，那些仙鹤过惯了帝王般的日子，哪里舍得走啊，围绕在他左右，任人驱赶也不肯离去。

说话间，狄兵已经逼近了，不能再磨蹭了。卫懿公一咬牙，决定御驾亲征。临行前，卫懿公把一块玉佩交给大夫石祁子，让他暂行代理国政。卫懿公含着热泪对石祁子发誓说：不把狄人打

典故制度

神器大宝，皆言帝位；妃嫔媵嫱，总是宫娥。姜后脱簪而待罪，世称哲后；马后练服以鸣俭，共仰贤妃。

神器、大宝，都是帝位的指代，我们说某人觊觎大宝，就是说此人有做皇帝的野心。妃、嫔、媵、嫱，是后宫女子的等级。姜后是周宣王的皇后，周宣王早上睡懒觉而不上朝，姜后脱簪请罪，说这都是她的过错，使君主好色而忘德；马后是汉明帝的皇后，她穿素色衣服，生活节俭。姜后和马后都因贤惠而得到后人称颂。

败，绝不回师！

明眼人都知道，事情到了这个地步，其实败局已经万难扭转，大王既然愿意杀身成仁，那咱们就成全他吧，于是大家勉强跟着卫懿公开拔了。

晚上，军队在郊外扎营，卫懿公开始关心将士们的疾苦。他亲自出去巡查，就听到军中有人唱道："仙鹤吃官俸，百姓苦耕耘；仙鹤坐官车，小民操兵革；敌军凶顽不可挡，士卒作战多死伤；仙鹤仙鹤今何在，心怀恐惧赴疆场！"不用说，这些话对洗心革面的卫懿公来说，是字字如刀，句句刺耳啊。

第二天打仗时，狄兵用了一个诱兵之计，将本来就不善于打仗的卫军引到埋伏圈，卫军一下子被截成数段。这支临时拼凑的军队本来就怨气重重，此时见敌人凶猛无比，早就没有了斗志，于是脚底抹油，溜之大吉，纷纷逃跑了。其结果是，卫军大败，卫懿公被狄人砍为肉泥，接着卫国都城陷落，狄兵大掠大杀后离去。

故事到这里，还不算完，因为还有一个感人的尾巴值得补缀。

却说卫国的大夫弘演因为去陈国办事，因而躲过了这次灾难。等他回国一看，国已不国了。弘演来到战场上，想找到卫懿公的

一句话读历史

武三思：于我善者则为善人，于我恶者则为恶人

武三思是武则天的侄子。唐高宗死后，武则天专政，武三思就一直为姑姑排忧解难。他越热情，官职就越大，权倾天下。武则天执政末期，武三思甚至动过要姑姑立自己为太子的想法。武则天倒台后，武三思攀上了韦皇后这条线，照样大权在握。武三思对于好人坏人，有自己的判断依据："我不知世间何者谓之善人，何者谓之恶人，但于我善者则为善人，于我恶者则为恶人耳！"——对我好的就是善人，对我不好的就是恶人！

尸首，结果在离帅旗不远的地方，发现了一堆血肉模糊的烂肉。

正在疑惑时，从不远处传来了呻吟声，原来是一个小内侍受了重伤，但没死。就见他指着那堆血肉说："这就是主公的尸骸，我亲眼见到他被杀的。因为我的腿断了，不能行走，所以只好等到别人来收拾主公的尸首。"

弘演再看看这堆肉泥，头和脚不知弄到哪里去了，只剩下一副肝还完好。弘演于是大哭一阵，又向那堆烂肉拜了拜说："主公的尸骸不全，无法收葬，我就用自己的身体给你做棺材吧。"

说罢，弘演抽出佩刀，往自己肚子上一划，划出一个洞来，然后将卫懿公的肝放进自己的腹中。不用说，他接着也倒毙了。

到这里，故事该结束了。后人感慨：卫懿公这么昏聩，临到死时，好歹还是有一两个臣子尽忠，也算死可瞑目了。

向历史借智慧

不以自己的爱好而牺牲别人利益

爱好动物有罪吗？先讲个故事：有两个人都热爱旅游，一个人常常以考察、开会的名义去各地游玩，另一个人则是攒好钱后，请假去旅游。前一个人因此常受指责、攻击，后一个人则受到尊敬。为什么？因为前者是以公家的名义，占用的是集体资源；后者是自费，他的爱好不损害任何人的利益。记住：爱是一件好事，但爱动物的同时，也要爱人；爱好什么是自己的事，但不要因为你的爱好而牺牲掉别人的利益。

车内谋杀案

公元前694年，鲁桓公和他的老婆文姜离开鲁国去齐国，鲁桓公是出国考察，而文姜是回娘家。文姜可是春秋时期的大美女，而春秋时期的美女大都不正派，文姜很小的时候就跟同父异母的哥哥经常在一起玩，大一点后还在一起玩，有时候就难免玩得有点过火。后来，文姜嫁给了鲁桓公，离开了齐国。

这时，文姜的父亲已死，在齐国为王的是她的哥哥齐襄公。

两个诸侯见面，大摆宴席，说些闲话。鲁桓公发现老婆自与她的哥哥见面后，就两眼放光。鲁桓公虽然知道妻子有点水性杨花，也知道文姜当年和她哥哥之间有谣言，但还不至于真跟自己的哥哥有私情吧。所以当齐襄公要和妹妹到宫中叙旧时，鲁桓公并没有想太多。他回到住处，开始等老婆回来。可惜，他等了一晚上。

第二天早晨，文姜才回来。于是，夫妻二人有了下面的对话。

问：昨晚上干什么了？

答：和嫂子喝酒。

庙堂真相

鲁国起源

周朝建立后，周武王封弟弟周公旦于曲阜，周公旦没去，而是由儿子伯禽即位，这就是鲁国的开始。鲁国定都曲阜，位于今山东。“周礼尽在鲁”，鲁国重礼仪、讲道德，是历史上有名的礼仪之邦，大名鼎鼎的孔子就是鲁国人。但在礼崩乐坏的春秋时代，礼仪之邦是要吃亏的，再加上鲁国公卿争权，内部混乱，所以常常是被欺负的对象。

问：什么时候散的？

答：半夜吧。

问：你哥哥呢？

答：他不在。

问：为什么？

答：其实他在，但只是喝了一会就走了。

问：既然喝完，怎么不回来？

答：太晚了，怕惊扰你。

问：那你去哪里睡的？

答：宫中有很多房间啊！

问：你怎么起得这么晚？

答：喝多了。

问：谁陪你睡的？

答：宫娥。

问：你哥哥在何处睡？

答：我做妹妹的怎么能管哥哥在哪里睡呢？

鲁桓公冷笑：只怕你哥是要管做妹妹的在哪里睡吧！

野史秘闻

杀妻求将，吴起何其忍心；蒸梨出妻，曾子善全孝道。

齐国讨伐鲁国，鲁国想任用吴起为大将，但因为吴起的妻子是齐国人而犹豫不决，于是吴起杀掉妻子而取得鲁国的信任。吴起此举，太过残忍，所以一直被人抨击。曾参对母亲极为孝顺，妻子给婆婆蒸梨，蒸得不熟，曾参就把妻子给休了。后人因此赞颂曾参的孝道。

文姜一听这话，先是脸一红，马上就使出女人的本事，哭！

鲁桓公可不理这一套，他认为自己被戴了绿帽子，文姜爱哭就随她哭吧。

一个男人被人家戴了绿帽子，肯定要发作的，但因为鲁桓公身在齐国，所以不敢发作，只好忍着。齐襄公渐渐发现鲁桓公的脸色很难看，通过文姜得知，妹夫发现了自己和妹妹做的好事。因此，每当鲁桓公看他的时候，他就感觉温度骤然下降。

齐襄公为了使自己不至于每天都提心吊胆，他找来了一个叫彭生的大力士。他对彭生说，鲁桓公最近总吵着要回国，傻子都知道，他回国后肯定会报复我和文姜，你看怎么办？

彭生心想，我是个卖力气活的，你找我来，问我怎么办，那不摆明了就是要看看我杀人的手艺荒废了没有呗！他就用手掌在脖子上比画："做了他！"

齐襄公点了点头。二人商量了很久，制订了一个完美的计划。

第二天，齐襄公给鲁桓公践行。吃完饭后，彭生和鲁桓公坐上车，一起向国境线驶去。路上，鲁桓公脸色铁青，一心想着回国后要报被戴"绿帽子"之仇。正当他想得咬牙切齿时，彭生突

典故制度

以德行仁者王，以力假仁者霸。天子天下之主，诸侯一国之君。官天下，乃以位让贤；家天下，是以位传子。

春秋有五霸，"霸"需要有强大的武力为支撑，这里讲王和霸的区别：实行德政的，称王，虽小国也能得到尊重；实行武力的，称霸，靠国力强大才能得到认可。天下之主称天子，一国之君称诸侯。天下为公的时代，谁贤明谁就可以做帝王；天下为私的时代，帝王之位在家族父子之间传承。

然把他猛地抱了过来，然后双手扣住他的脊背，鲁桓公还没有来得及张嘴说话，彭生两个胳膊一用力，大喊一声：“开！”鲁桓公就这样活生生地被彭生给撕成了两半。

车内谋杀案发生后，各国都强烈谴责彭生的弑君行为，齐襄公无法抗拒国际舆论，只好把彭生杀掉。几年后，齐襄公在郊外打猎，突然遇见了彭生的鬼魂，被吓了个半死，回宫后一病不起，不久后，齐襄公就死掉了。

向历史借智慧

一场畸恋引发的血案

鲁国人一向忠厚老实，所以这回他们的国君吃了大亏。身在敌对势力的地盘上，鲁桓公竟然这样放纵自己的不满情绪，而没有一点警惕防备之心，这在春秋战国时代真是少见。他的麻痹大意给自己带来了杀身之祸。可见，不会控制自己的情绪会导致多么糟糕的后果！敌人固然可恶，但一个成熟的人，绝不应该犯这样的错误。

阳虎闹事

鲁国的国君势力弱，政权一向控制在季孙、叔孙、孟孙三家手里，这三家才是鲁国的真正主人（史称“三桓”）。

春秋后期，季孙氏有个家臣叫阳虎，生得虎背熊腰，勇力过人，而且办事能力非常强。主人季孙斯一看，人才呀，就将他视为心腹，让他当了管家。时间一长，阳虎心里有些不平衡了，心想，怎么说咱也是文武双全的人呀，凭什么他当主人，咱当奴仆啊，于是就动起了歪脑筋。

那么，这事从哪里入手呢？他想起一件事，公子哥叔孙辄不受叔孙家族的欢迎，心理失衡多年，费邑长官公山不狃又和叔孙辄很哥儿们，现成的帮手啊。

于是，阳虎就把他俩找来商量说，你们看啊，是不是咱把主子咔嚓了，您，公山不狃大哥，取代季孙氏的职位；您，叔孙辄大哥，取代叔孙氏的职位；我，阳虎小弟，取代孟孙氏的职位。咱们兄弟几个联起手来，带领鲁国奔向好日子，如何？两个人一听，

庙堂真相

孔子与鲁国

孔子是鲁国最著名的一张名片，不过，孔子在世时，对鲁国政治的影响并不大。鲁国政权实际掌握在三桓手上，不管大事小事，三桓没点头的话，国君也没办法；三桓又有家臣，强势的家臣往往又掌控着三桓的实际权力。孔子真正做官时，已经五十多岁了，最高做到大司寇兼宰相，曾发动削弱三桓的运动，但以失败告终。

顿时心花怒放，一拍即合。

转天，阳虎听说孔丘非常能干，就想把他招到自己的门下，回头好做个助手，于是派人去，委婉地暗示要和孔丘拜把子，孔丘没理他这茬儿。

回头，阳虎又让人给孔丘送去一只蒸乳猪。孔子一看，心说，这小子有问题，就秘密地对孟孙家族的老大孟孙无忌说，阳虎这个人最近活动很频繁，您可要注意啦，到时候不要怪我没提醒您。

孟孙无忌吃了一惊，说，这怎么办哪？孔丘就说，这太好办了，就这么这么对孟孙无忌说。于是，孟孙无忌就派人在南门外忙乎起来，盖住宅，把四周全都围上栅栏，又挑选了三百名放牧、养马的精壮汉子当工匠，实际上是为了看家护院。

这年八月，鲁国例行祭祀。头一天，阳虎非常热情，邀请季孙斯第二天到他家的花园里赴宴。孟孙无忌听说这事后，心想这小子肯定有阴谋，于是派人赶快去告诉带兵官公敛阳，约好当天中午，请他带着士兵从东门走到南门，一路上观察动静，见机行事。

第二天，阳虎亲自来到季孙斯家，请他上了车。

阳虎在前边引路，他的弟弟阳越殿后，左右都是阳虎的手下，

一句话读历史

孔子：富不可求，从吾所好

孔子是大思想家，他的智慧多从生活中来，并不迂腐。孔子认为："富而可求也，虽执鞭之士，吾亦为之。如不可求，从吾所好。"——富有也是我所追求的事情之一啊，如果能够富有，就算让我做个马车夫，也是愿意的；但如果求不到，那我还是老老实实做自己爱做的事情吧！

只有给季孙斯驾车的车把式林楚，世代都是季孙氏的门客。

季孙斯看到这个状况，心说不妙，就悄悄对林楚说，劳驾，能把我的车赶到孟孙家吗？林楚人也聪明，点头会意。等车队来到大街上，林楚就把车赶向南边，一连打了马好几鞭子，马就撒着欢儿向前跑。阳越在后边瞧见，扯着嗓子直喊“停车”，林楚也不应声，又给了马几鞭子，马跑得更快了。阳越急了，挽弓搭箭来射林楚，没射中，就扬起鞭子打马，心一急，鞭子落到地下，等他把鞭子拾起来，季孙斯的车早跑没影儿了。

季孙斯出了南门，一直跑进孟孙家，关好栅栏，大叫道：孟孙救我！孟孙无忌见了季孙的熊样，知道出事了，当即让三百名壮汉拿着弓箭，埋伏在栅栏后边。

过了一会儿，阳越打马赶到了，领着手下就杀奔过来。三百壮汉从里边一齐射箭，谁碰上谁倒霉，阳越身上一连中了好几箭，死了。

再说阳虎快到东门了，回头一看，不见了季孙斯，就掉转车头，顺着原路往回走，问过路人：见到相国的车没有？过路人说：哦，好像马受惊了，已出了南门。

野史秘闻

管仲治奢

春秋时代的齐国盛行厚葬，特别是官员。家里死了人都要用上好的木料做棺材，棺内还要陪葬许多当时的奢侈品布帛，搞得齐国木料、布匹奇缺，市场混乱。齐桓公让管仲想办法，管仲搞市场最有一套，他采用的方式是：用政治干预市场，下令凡是棺木超过规定厚度，陪葬布帛过多的，就将尸体拖出斩为三段。法令一下，再也没有人明目张胆地对丧事大操大办了。

话音没落，阳越的手下逃回来了，向阳虎汇报了一通。阳虎听说阳越被杀了，目标季孙斯也逃进了孟孙无忌的新家，顿时气得七窍生烟。

缓口气，他领着手下人急忙赶到王宫，转眼间，把鲁定公给劫持了。一彪人马拥着人质闹哄哄地出来，不巧，半道上遇到了叔孙家的老大叔孙州仇。阳虎一看又来了一块肥肉，使一个眼色，手下人一拥而上，把叔孙州仇也给劫了。然后带着宫里的甲士和叔孙的手下，一起来进攻孟孙家。孟孙也不投降，领着三百壮士拼死抵抗。

阳虎见久攻不下，就命令用火焚烧栅栏，这可把季孙斯给吓坏了。正没辙时，只见东面一员猛将领兵来到，大叫一声，别碰我的主公！俺公敛阳在此！

阳虎大怒，挺起长矛，迎住公敛阳厮杀。两人各自施展本领，大战五十余回合，阳虎越战越勇，公敛阳渐渐支持不住。叔孙州仇这时忽然从后边喊了一嗓子：阳虎打败了！随即率领自己的手下拥着鲁定公往西跑去，定公的那些甲士也跟着一起跑了。

孟孙无忌见状大喜，急忙领着壮汉们杀出栅栏。

一句话读历史

主父偃：大丈夫要么做大官，要么上刑场

西汉名臣主父偃是穷苦人出身，长期被歧视被排斥，后来终于得到汉武帝赏识，让他做了官。主父偃因此恃宠而骄，打击异己，同时贪污受贿，有下属劝他做事不可太过分，主父偃回答："丈夫生不五鼎食，死则五鼎烹耳！"五鼎，古代行祭礼时，大夫用五个鼎，分别盛羊、豕、肤（切肉）、鱼、腊五种供品。形容高官贵族的豪奢生活，亦喻高官厚禄。

阳虎势单力薄，掉转马头就跑，一直跑到阳关据守。很快几队人马又追过来，合力攻关，阳虎力不能支，命令火烧关门，乘着攻关的人马躲避退却，自己不顾烟熏火燎跑出关门，投奔齐国去了。

向历史借智慧

创业是为了实现更大的梦想

在私企做事，一般来说，做得再优秀，公司也不会分你一半股份，阳虎的困境就在这里。在国企做事，把自己变成董事长可能很难，但做到掌握实权的总经理是有可能的，“三桓”就是鲁国这个企业的实权总经理。所以“三桓”对自己的日子很满意，而阳虎就没法满意，他想变别人的企业为自己的，这个梦想不能实现，他被迫逃走。我们要给阳虎一个建议就是：为了实现更大的梦想，必须自己从头创业。

学习笔记

学习笔记

第二章　齐国的故事

郑国小霸很快风吹云散，公元前686年，齐桓公继位，齐国的霸主时代来临。

齐桓公在位四十三年，在管仲等一批高级人才的辅佐下，齐桓公一匡天下，九合诸侯，光芒四射。这是春秋时代威望最高、声誉最好的一代霸主。作为五霸之首，齐桓公才智中下，只是霸主之表，管仲才是灵魂。所以，当管仲一死，齐国霸业立即结束。但齐国仍作为一个强大的国家而长期存在。

管仲这人特别会来事，会做宣传工作，他适时地提出“尊王攘夷”，既讨了周天子的欢心，又借天子的名义来提高自己称霸事业的合法性。这也是齐桓公被后人尊为首霸的关键因素。在齐桓公在位四十多年的时间中，各个诸侯国的地狱故事频繁上演，只有管仲治理下的齐国阳光灿烂。

管鲍之交

管仲和鲍叔牙从小就是好朋友，长大以后更是情同手足、肝胆相照。这种交情，从几件小事中就可以得到证实。

第一件事，管仲年轻的时候，家里很穷，没办法奉养母亲。鲍叔牙知道后，就找管仲一起投资做生意。管仲没有钱，只负责跑腿，本钱都由鲍叔牙出。

可是，每当赚了钱以后，管仲却拿得比鲍叔牙还多。

鲍叔牙的仆人就埋怨说：“这个管仲真不够意思，他自己不出本钱，分钱的时候却拿得比我们主人还多！世界上有这样的好事吗？若有，不如给我。”

鲍叔牙听到后则说：“记住啊，以后不许这样说他。他家里穷，要奉养母亲，我当然要多分一点给他，这有什么好奇怪的呢？”

第二件事，管仲曾经和鲍叔牙一起去打仗，每次进攻的时候，管仲都躲在最后面，回师的时候，管仲就走在队伍的前面。大家就背地里骂管仲：“这家伙是个贪生怕死之徒！”鲍叔牙马上说：

庙堂真相

齐国起源

齐国国君的祖先是吕尚，即《封神演义》中神机妙算的军师姜子牙，地盘主要在今山东，一齐一鲁就是山东，所以今天山东也称齐鲁。但和鲁国重道德不同，齐国人讲实惠，因此经济发达，商业繁荣。到齐桓公时，齐国最先进入霸主行列，作为春秋五霸之首，威震八方。

“记住啊，以后不许这样说他。我听说他非常孝顺母亲，他是想活着多照顾他母亲几天。”

总之，在外人看来，管仲与鲍叔牙在共事时，管仲就是反面教材，而鲍叔牙就是正面教材。鲍叔牙却对众人说：“人有遇其时与不遇其时之分，管仲若遇其时，绝对比我强十倍。”

管仲听说之后，非常感动，把鲍叔牙当成生死之交。

当时齐国国君齐襄公有两个弟弟，一个是公子纠，一个是公子小白。他们都已经年长，齐襄公听说管仲和鲍叔牙贤能，就想请他们做两个弟弟的老师。

管仲就和鲍叔牙商量说：“襄王很可能以后会把王位让给弟弟，所以，以后继位的不是公子纠就是公子小白，你我各辅佐一个，到时候无论他们谁继位，我们就相互举荐，你看怎么样？”鲍叔牙认为有道理。于是管仲答应辅助公子纠，鲍叔牙答应辅佐公子小白。

管仲和鲍叔牙当老师不久，齐国就发生了内乱，他们立即建议主人到国外去避乱。他们到了外国不久，齐国国君就被乱臣杀死，混乱中，公孙无知即位。

典故制度

伯牙绝弦失子期，更无知音之辈；管宁割席拒华歆，调非同志之人。分金多与，鲍叔独知管仲之贫；绨袍垂爱，须贾深怜范叔之窘。

俞伯牙善于弹琴，钟子期善于听琴，子期死后，伯牙叹世上再无知音，从此封琴不弹。管宁和华歆一块读书，华歆意志不坚，管宁将席子割成两半，与华歆分开而坐，以示绝交。鲍叔牙和管仲经商，知道管仲家穷，总是多分钱给管仲。范雎与须贾有仇，后来范雎当上秦国宰相，须贾不知，以为范雎混得不好，便送他一件旧袍，范雎因此放过了须贾。

大家还没缓过神来，公孙无知又被另一伙乱臣杀死。两人听到这个消息后，都抢着带着主人从国外回来夺取王位。鲍叔牙和小白抢先赶回了齐国，小白做了齐王，这就是齐桓公。

小白继承王位后，杀掉了公子纠，囚禁了管仲，打算封鲍叔牙为宰相。鲍叔牙就想着兑现他与管仲当初的约定，于是对齐桓公说："管仲这个人我非常了解，他各方面都比我强，您应该请他来当宰相才对呀！"

齐桓公当下就生气了，说："他是我的敌人，你居然叫我请他来当宰相！你什么意思嘛？！"鲍叔牙说："这不能怪他。他这样做，也是为了帮他的主人呀！所谓各为其主嘛。依我看，这正是他忠心的表现，要是能够辅佐您，他同样会很忠心的。"

齐桓公认为鲍叔牙说得有理，就听从了他的话，将管仲从监狱放出来，拜他为宰相，让鲍叔牙辅助他。管仲如鱼得水，没几年，就把齐国治理得井井有条。

人们都夸管仲贤能，管仲则淡淡地说："我没有什么才能，这都是鲍叔牙的功劳。"别人都觉得很奇怪，就问："您为什么这么说呢？"

一句话读历史

管仲：疾恶如仇的人不适合做宰相

管仲临终时，齐桓公向他请教，想以鲍叔牙接替管仲的工作。鲍叔牙是管仲最好的朋友，但管仲却不赞成，他说："（鲍）其为人好善而恶恶已甚，见一恶终身不忘，不可以为政。"——鲍叔牙堪称道德楷模，但是他性格耿直，疾恶如仇，对丑恶的容忍度极低，不适合做宰相。有人想讨好鲍叔牙，把管仲的话转告给他，鲍叔牙感叹：管仲说得没错啊，如果让我做宰相，哪里还有你们这些小人的容身之处！

管仲就说："我当初贫穷时，曾和鲍叔牙一起做生意。分钱财时，我自己多拿，鲍叔牙不认为我贪财，他知道我贫穷啊！我曾经替鲍叔牙办事，结果处处给他添乱，只有鲍叔牙不认为我愚蠢，他知道是时运对我不利；我曾经三次做官，三次被国君辞退，鲍叔牙不认为我没有才能，他知道我没有遇到时机；我曾经三次作战，三次逃跑，鲍叔牙不认为我胆怯，他知道我家里有老母亲；公子纠失败了，我被囚受辱，鲍叔牙不认为我不懂得羞耻，他知道我不以小节为羞，而是以功名没有显露于天下为耻。这正是：生我者父母，知我者鲍叔啊！"

听到这里，大家都赞叹说："只有管鲍之交才能达到这样的境界啊。"后来，人们就用"管鲍之交"来形容那种情同手足、肝胆相照的友谊。

向历史借智慧

一个好朋友可以受用一生

人人都知道，"朋友多了路好走"，"在家靠父母，在外靠朋友"，可很多人费尽心机交来交去，却交了一堆酒肉朋友。没酒没肉了，朋友也就没得做了。这些都不是真正的朋友。朋友能够长久相处，靠的不是心机，也不是彼此互许的好处。朋友就是朋友，黄金割不断、权位挡不住，宁愿亏着自己，也多为对方着想。做大事的人，如果身边没有几个真正的好朋友，那是很难成功的。

玩笑开不得

齐桓公在长勺打了败仗之后，非常不服气，于是又联合宋国来攻打鲁国。鲁庄公用各个击破的计策，再次打败了齐国和宋国联军，并俘获了宋国的猛将南宫长万。

后来，鲁庄公主动放下姿态，与齐国和宋国修好，三国国君又跟没事人一般，开始称兄道弟起来。

自然地，鲁庄公也就释放了南宫长万。

败军之将南宫长万回到宋国后，刚和宋闵公见面，宋闵公就戏弄他说："当初我非常敬重你，因为你是宋国的勇士。你现在做了鲁国的囚徒，还好意思来见我，可真有你的！"

南宫长万听了，非常惭愧，一言不发地退了出来。

当时，大夫仇牧也在现场，看到这个情形后，觉得闵公这样说话非常不妥。于是，他背地里对闵公说："您要注意呀。君与

一句话读历史

耿纯：您要不做皇帝，大家岂不是白忙一场

西汉末年的起义军队中，刘秀实力强劲，但犹犹豫豫不肯称帝，部下耿纯说："天下士大夫捐亲戚，弃土壤，从大王于矢石之间者，其计固望其攀龙鳞，附凤翼，以成其所志耳。"——我们这些人，远别亲人，离乡背井，枪林弹雨中跟着您，图的不就是荣华富贵吗？您不愿做皇帝，那我们还有什么盼头。这话很直白，也很真实：将帅是士兵们通往权势与财富之路的梯子，如果将帅不能带领大家往前奔，部队就要散伙。

臣之间要有礼貌，可不能随便开玩笑！开玩笑开过了火，彼此就会不尊敬，不尊敬就会生出傲慢。臣子傲慢就会不讲礼仪，不讲礼仪就会生叛逆之心。所以，您以后一定要注意自己的言语！”

闵公听后，哈哈大笑说：“哪里哪里，我与长万开玩笑开惯了，不会有什么事的！”

说这话没几天，宋闵公带着后宫的美女们一起到蒙泽游玩。玩到高兴处，宋闵公让南宫长万掷大戟助兴。原来，南宫长万有一个绝活，能把大戟扔到几丈高后，再用手接住，从不失手。

于是，长万奉命玩了几把，美女们看得兴奋，都赞不绝口，一个个粉嫩的小手掌都拍得通红。闵公觉得长万在美女们面前抢了自己的风头，有些嫉妒了，就命人取来赌器，要与长万在赌博上见个高低，并规定，谁要是输了，就罚满满的一大金斗酒。

原来，闵公对赌博非常在行，他想在美女们面前把输掉的面子赢回来。果然，长万不是他的对手，连输五局，被罚酒五斗。五斗酒后，长万已经有八九分醉了。这回轮到他不服气了，嚷嚷着还要赌。

闵公嬉笑着说：“你这个囚徒，是我手下败将，还敢不服气

典故制度

击壤而歌，尧帝黎民之自得；让畔而耕，文王百姓之相推。

击壤而歌，即敲着泥块唱歌。尧帝时，有位老人敲着泥块唱道：“吾日出而作，日入而息，凿井而饮，耕田而食，帝何力于我哉？”意思是我用劳动养活自己，帝王也管不着我。这是远古时代百姓的自得其乐，到后来则行不通了。周文王时，种田人以田畔为界，互相礼让，这是一种美德。

呀？”这可真是哪壶不开提哪壶！长万虽被揭了伤疤，但也强压住火气，默不作声。就在这时，有宫中侍从前来报告：“周天子有使者带信到了。”

闵公一惊，心里说，会是什么事呢？原来，不久前，周天子突然患病死了，由太子胡齐继了王位，这次周王室的使者是特来向宋国报丧的。闵公问明使者的来意后，说：“既然这样，那咱们就应当马上派人去吊唁，并对新君表示祝贺呀。”

长万听说后，立即请求说：“我长这么大，都没见过周天子长什么样子，我愿意作为使者前往！”闵公笑道：“宋国就算再没有人才，也不能让个囚犯去吧？”美女们听了俏皮话，都大笑起来。长万顿时满脸通红，恼羞成怒。他借着酒劲，大骂闵公说：“你个无道的昏君！你知道囚徒也会杀人吗？”闵公也恼了，大叫道：“你这贼囚，竟敢如此无礼！”便去抢长万的戟，准备和他干仗。

长万眼疾手快，抄起赌器，向闵公砸去，正好砸中了闵公。这还不算，他立马奔过去，抡起拳头，一顿乱揍。可怜闵公单薄之躯，哪禁得住他这顿拳脚，当场就一命呜呼了。看到这个状况，在场的人全都吓跑了。

一句话读历史

李勣：此陛下家事也

唐高宗想废掉皇后、改立武则天为后，向大臣们征求意见，李勣回答：“此陛下家事也，何必更问外人！”——换老婆是家事，不必征得大家同意。后来唐玄宗时，玄宗想废掉太子，问宰相李林甫的意见，李林甫也说：“这是陛下的家事，我们没理由干预。”到了明朝，明成祖朱棣抢了侄儿的皇位，大臣方孝孺斥责他，朱棣怪方孝孺多管闲事，说：“此我家事也。”——家天下时代，家事就是国事，国事也是家事，全看皇帝需要什么。

打死了闵公，长万仍然觉得不解气，他怒气冲冲地提着大戟，大步流星赶出园子，还要行凶。刚到了园子的门口，正好碰上了大夫仇牧。仇牧见他一脸凶相，就问："将军怎么了？主公在哪里？"长万回答："昏君无礼，我把他杀了。"

仇牧笑着说："将军说的是醉话吧？"长万说："我没醉，说的全是实话。"便把带血的手举起让仇牧看。仇牧一看，知道是真的了，当下勃然大怒，大骂道："杀君之贼，天理不容！"便举起朝见君主的手板来打长万。

长万更加恼怒，扔掉长戟，空手来战仇牧，他左手将仇牧的手板打落，右手一抡，正中仇牧的头部，一下子便把仇牧的头砸开了瓢，牙齿也给打落在地上了。

长万捡起仇牧的牙齿，随手一扔，竟嵌入门内有一寸之深！看看仇牧已经死了，长万拾起大戟，来到车旁，上了车，旁若无人地扬长而去。

这以后，长万一不做二不休，又接连杀了许多大臣，并拥立闵公的表弟公子游做了宋国国君，还把戴、武、宣、穆、庄几个家族全部驱逐出境。

典故制度

何谓五伦，何谓九族

五伦，是五种人伦关系，君臣、父子、兄弟、夫妇、朋友。用今天的话来解释，君臣是职场从属关系，父子是长辈与晚辈之间的血缘关系，兄弟是平辈之间的血缘关系，夫妇是家属内部关系，朋友是外部关系。人际关系都在这五伦之中。九族是从自己开始，上数四代，高、曾、祖、考，下数四代，子、孙、曾、玄，一共九代，九代人及其亲属合称九族。也有把父族四、母族三、妻族二合称九族。

不用说，长万的暴戾行为，立即引起了诸侯国间的强烈反响。宋国的其他派系人马也容不得南宫长万这样做，打来打去，公子游被杀，反对派拥护另一位公子做了国君，即宋桓公。南宫长万出逃。再后来，宋桓公联合其他诸侯国君，设计将长万擒获，绑到市集上，当众剁成了肉泥。

后世史家说，宋闵公因为一向不检点自己的言语，最终遭到臣子的毒手，还导致宋国大乱，实在不值得呀。从另一方面说，许多玩笑是开不得的，开错了就有性命之忧。

向历史借智慧

大嘴巴害死人

天下本无事，很多本来不会发生的事情，都是糊涂人硬惹出来的。闵公一句玩笑话，毁掉了一群人：本来仇牧可以继续做他的大臣；南宫长万也可以继续带兵打仗，说不定哪天就一雪前耻，成为千古流芳的名将；公子游也不会平白地送了命。真是一句话害死人啊！做人可千万别做宋闵公这种大嘴巴、没眼力的人。生活中遇到这样的人时，也一定要离他远一点，免得突来横祸。

举火爵宁戚

齐桓公用管仲挟天子以令诸侯的计谋，狠捧周天子，借天子的名义来大会诸侯，一时间威风赫赫。但是，诸侯中也有不买账的，比如宋国就是其中之一。

桓公很生气，后果很严重，他决定带一帮联军去教训教训不听话的宋国。

齐桓公让管仲先率领一支部队前去与曹军会合，他自己则带领隰朋、王子成父、东郭牙等人，统领大军前进，约定两军在商丘会合。

行军途中，管仲遇到了一个非常滑稽的乡下汉子，他身穿一件粗布衣衫，光着脚，戴着一顶破草帽，在山下放牛，还一边敲牛角打节拍，一边唱歌。

管仲一听，嚯，歌词还很有文化，很有深度！他当时就觉得，这个乡下汉子有点来头，于是命人赏给他一顿酒饭，自己则继续赶路去了。

庙堂真相

相牛专家宁戚

宁戚不愧是放牛的，公元前 685 年，他被齐桓公拜为大夫后，就长期主管齐国的农业生产工作（官职是大司田），并专门写了一本书，叫《相牛经》，是中国最早的畜牧专门教材。在古代，农业是立国之本，是国家强盛富裕的生命线，所以说齐桓公的霸主事业里，也有宁戚的一份大功劳。

汉子酒足饭饱后，准备拜见管仲，却没想到管仲已经走了，于是他托士兵给管仲捎了一句话，叫什么“浩浩乎白水”。士兵赶过去，将这句话念给管仲听，可管仲不明白是什么意思，琢磨了半天也没琢磨出个所以然来。

事有碰巧，管仲有个爱妾当时正在随军，这个女子很不简单，对古诗非常有研究，于是她笑着告诉管仲，这个汉子是想做官呢。

管仲立刻命人将这个男子找来，两下里一交谈，知道这人叫宁戚，确实非常有才，只是一时沦落在这里替人放牛。管仲非常高兴，当下写了封推荐信，让他等后面齐桓公的车队。

三天后，齐桓公的大军果然到了。宁戚仍旧一身放牛的打扮，站在路旁，不回避也不害怕。等桓公的车走近时，宁戚又敲牛角唱了起来。唱什么呢？反正都是一些讽刺当世的话。

齐桓公听了很惊讶，让左右把他带到车前，问他叫什么，家住哪里。宁戚如实作了回答。桓公问：“你不过是一个放牛的，为什么要讽刺时政呢？”

宁戚回答：“我是个小人物，怎么敢讥讽时政呢？”

齐桓公说：“当今天子在上，我与各路诸侯都对他心悦诚服。

一句话读历史

项羽：富贵要让人看见

项羽打下咸阳后，下令把咸阳皇宫烧掉，部下阻止他：皇宫都烧了，您住哪？项羽回答：回老家江东。部下大惊，关中才是统御天下的宝地啊，定都当然要在咸阳。项羽说出一番名言：“富贵不还乡，如衣锦夜行，谁知之者？”富贵了不让家乡人看见，还有什么意思！于是分封诸侯，自立为西楚霸王，定都彭城（今江苏徐州），携带着咸阳城里的财宝和美女，回江东去了！

在我的国家，百姓安居乐业，到处是一派盎然春意，天还是尧舜时的天，你怎么说‘不逢尧舜’，还说‘长夜不旦’呢？这不是讥讽又是什么？”

没想到，宁戚一点儿也不买账，在他看来，这世界根本不是桓公说的那么美好，齐桓公自己就不够好嘛，简直跟桀和纣两个大坏蛋差不多。最后他还说：“早年您杀兄得了君位，现在又挟天子以令诸侯。齐国连年打仗，百姓疲劳不堪，国家的状况每况愈下，而您却说‘百姓安居乐业，到处是一派盎然春意’。这样下去，我真不知道齐国的结局会怎样！”

齐桓公听后大怒：“你这个野夫！说话太不懂规矩了！”便下令左右把宁戚拉出去斩首。宁戚全无惧色，仰天长叹道：“夏桀杀了龙逢，商纣杀了比干，今天宁戚要成为第三个吗？”

看到这里，隰朋对桓公说：“我看他不像是个普通放牛人，您把他放了得了！”

没想到，齐桓公立马转怒为喜，下令给宁戚松绑，并对他说：“我只不过是想试一试你罢了，看来你确实是个好汉。”

这时候，宁戚便掏出管仲的信给了桓公。桓公一看，大意是说：

典故制度

心志相孚为莫逆，老幼相交曰忘年。刎颈交，相如与廉颇；总角好，孙策与周瑜。

志同道合、心意相通，称为莫逆之交；老年人和小孩子（年龄差距较大的人）结成朋友，称忘年之交。共患难、同生死的朋友，称为刎颈之交，如赵国大将廉颇和大臣蔺相如。从小结识、一块儿长大的朋友，称为总角之好，如三国时江东领袖孙策和将领周瑜。

这个人不是放牛人之流，乃是当今有用之才，望您能留下他辅佐您；如果这种人才被别的国家挖走了，您会后悔终生的。

桓公看后说：“你既然有仲父的信，为什么刚才不呈上来呢？”

宁戚回答：“小人听说，贤君择人而任，贤臣择主而辅。如果您是厌恶直言而喜欢听奉承话的人，我又何须把这封信拿出来呢？”桓公听后非常高兴，就让他坐在后面的车上。

当晚，军队安营扎寨后，桓公举着烛火，急急忙忙地在行李堆里找衣服和帽子。侍从竖刁问：“您忙忙叨叨找衣服和帽子，是要给宁戚加官晋爵吗？”

桓公说：“没错。”竖刁说：“卫国离齐国不远，为什么不派人去调查一下呢？假使这人确实是位贤才，再封爵也不晚嘛。”

桓公说：“这人很豁达，不拘小节，在卫国恐怕有过错。我不能因为他以前有过错，现在就抛弃这个人才！”于是桓公就在烛光之下，封宁戚为大夫，让他与管仲一起参与国事。

向历史借智慧

让贵人发现你

春秋战国时代，虽是乱世，但也有一些好处，比如社会环境宽松，干事业的机会多，有本事的人都容易找到好工作；社会等级不严格，一个平头百姓，动不动就可以见到国君，谈谈国家大事或者唠唠家常，诉诉苦、出出主意都可以。宁戚不过是一个读了些书、有些想法的农民（放牛倌），在他日常放牛的地方，接连遇到了两位贵人，但这不是贵人眼神好，而是宁戚太闪亮，把自己送到了贵人面前。

召陵之盟

齐桓公称霸以来，楚成王熊恽非常不忿，决定和他过过招，于是悍然出兵，打了齐国的小弟郑国。齐桓公得到消息后，也想借机和楚国过过招。他听从管仲的建议，决定直接把大军开到楚成王的家门口，不料，蔡国的国君将这消息泄露给了楚成王。

于是，公元前656年，齐桓公率领齐、鲁、宋、陈、卫、郑、许、曹八国联军，自以为神不知鬼不觉地抵达楚国的北部边境时，眼前出现了戏剧性的一幕：边境上早有一人等候在那里。

只见他衣冠整洁，彬彬有礼，见联军到来，连忙施礼说："劳驾，各位辛苦了。请给你们国君传个话，就说楚国使臣已在这里恭候多时了。"

这人正是楚国贵族、官拜大夫的屈完。桓公听说楚国使者到来，心中非常诧异，知道走漏了消息，就派管仲出去搭话。

两人一见面，好一番唇枪舌剑。说什么楚王不去朝见周天子、不给周天子送礼之类，齐和楚，一南一北强强对峙，谁也不肯服谁，

名臣风骨

孔子论管仲

齐桓公的霸主事业，是管仲帮着打下来的。管仲堪称千古第一名相，后世名相诸葛亮就以管仲为偶像。孔子也表扬管仲，说要不是因为管仲，我们就要成为野蛮人了。不过孔子也批评管仲生活奢侈、不遵守礼仪，说他娶了三个老婆，家里装修豪华，堪比国君，很有专权的嫌疑。管仲还是开设妓院的祖师爷，他设立妓院，一为解决士兵的生理需要，二为增加税收。后世妓院都祭拜管仲。

这一架吵得大家都脸红脖子粗。

最后，屈完在气势上略占上风。管仲讨了个没趣，心里非常窝火，回去如实地向桓公作了汇报。针对楚国人的强横态度，君臣二人一商量，决定动用武力压服楚国。

于是，桓公下令，八国军队同时进兵。联军行到离汉水不远的陉山，管仲命令停兵扎寨。诸侯们感到奇怪，纷纷问道：大军既然已深入敌境，为什么不乘机渡过汉水，与楚军决一死战啊？咱们又不是来旅游的！

管仲说话了：你们太轻率了啊！你想啊，楚国既然派使者前来，人家必有准备。两军一见血，冤仇就再难以化解了。现在咱们在这里屯兵扎寨，虚张声势，楚国人害怕咱们人多势众，一定会再派使臣前来说和，咱们趁机逼他们订立城下之盟，这岂不更好？

诸侯们都不大相信管仲的话，直撇嘴。于是，大家你看我，我看你，干瞪着眼，谁也不敢先动手。

楚国的大将子文看出了苗头，于是向成王汇报说："我听说管仲是个阴谋家，现在他按兵不动，肯定有什么诡计。依我看，咱们应当再派个使者过去，探看他们的虚实动静，然后再决定是

一句话读历史

吕不韦：立国家之主赢几倍

吕不韦见到失势的秦国公子子楚，认定他是潜力股，于是跑回家跟父亲商量："种田能获得几倍利润？"父亲答："十倍！""那做珠宝生意呢？""百倍！""那扶持一个人上台做国君呢？""无数倍！"子楚，后来做了秦国的国君，他有一个儿子叫"嬴政"，即大名鼎鼎的秦始皇。嬴政登基后，吕不韦被尊称为"仲父"，成为当朝最有权势的人。

战是和。”

楚成王认为在理，于是两人一商量，决定让屈完再跑一趟。屈完说：“您这次让我去，如果是为了与他们谈条件，我愿意前往；如果是要向他们下战书，主公您还是另请高明吧！”

成王说道：“这次去，是战是和由你裁决。但是有一条，输了志气我可不干！”屈完说：“这您就放一千个心吧！”于是，屈完就再次来到齐军大营。

到这里，事情就好办多了。明眼人一看就知道，想完胜对方，两个老大心里都没底，谁也不愿意拼个鱼死网破，但谁都不愿意输掉面子。本来这事就是意气之争嘛。

屈完和管仲都是聪明人，两下里再一见面，谈得非常投机，大有惺惺相惜之感。屈完说，您不是来咱们这里替天子征收土特产苞茅（周朝祭祀用物）的吗，我们大王愿意服从旧规，年年上供就是了。那么，您可以撤兵了吧。您撤军的时候啊，别忘了通知我们，我们一定拿楚国的土特产来犒劳您的士兵。

管仲说，嗯，这就对了，不就是这么一点儿事情吗？您家大王早答应下来，不就结了吗？我们又何须大老远跑来？也怪累的。

典故制度

老马识途

“老马识途”讲的是管仲的故事。齐桓公应燕国请求，带兵打退了山戎国的侵犯；山戎国国王密卢逃到孤竹国请求救兵，结果又被齐国打败。但在回国途中，齐国军队被假向导引入迷谷，迷失了方向。在所有人都一筹莫展之际，管仲想出办法：“老马之智可用也！”于是挑选一匹老马，放开马绳任其行走，兵士们则跟着马走，最终全军化险为夷。这就是知识的力量呀！“老马识途”比喻有经验的人对情况熟悉，可以指引他人。

最后，管仲意味深长地看了一眼桓公，桓公含笑点点头，这些屈完全看在眼里。就这样，大战的导火索拆除了。为了表达诚意，联军退到了召陵。

紧接着，屈完回家给楚成王一汇报，成王听说还要进贡土特产，非常生气。屈完就说了，打，您又不愿意打；贡，您又不愿意贡，您说怎么办吧！不就是一点土特产吗？也不是岁币千万！再说了，一个小百姓都知道信用的重要性，何况您是和周天子平起平坐的人物呢？

一席话后，楚成王愿意进贡土特产了。于是，又派屈完带上礼品八车，到召陵去犒劳八国联军。双方一见面，气氛非常融洽。

这时候，齐桓公的坏心眼儿又上来了，他领着屈完看了一场撤退前的阅兵式。那场面，真是红旗招展，山崩地裂，连绵数十里不绝。齐军一声鼓响，七路响应，鼓声惊天动地。桓公笑着对屈完说，您看，我这阵势怎么样啊？

老实说，这个气势的确把屈完给镇住了。不过，屈完深呼吸一口气，说，您这些，在您中原国家好使，在我们这里不好使。我们这里山多、水多、毒虫猛兽多，您的军队在我们这里，就像

一句话读历史

陈琳：箭在弦上，不得不发

东汉末年“建安七子”中，有一位叫陈琳，在袁绍手下做事。曹操挟天子以令诸侯，袁绍很恼火，大肆攻击曹操，双方爆发战争。陈琳写了一篇讨曹檄文，把曹操和曹操的祖上骂了个体无完肤，但是文采极好，读起来特别过瘾。曹操读到后大叫：这是人才啊！后来袁绍失败，陈琳被俘，曹操问他为什么骂人这么狠，陈琳回答：“箭在弦上，不得不发。”——各为其主，主家的敌人就是我的敌人，对敌人不能不狠。

是一个沙包掉进海里，可能泡儿也不起一个。

桓公听了这话，哈哈大笑，说道：屈大夫能说会道，真是楚国的良臣啊，我愿与贵国结为友好盟邦，也沾沾您的光！屈完大喜，当夜即在齐营中留宿，桓公设宴款待。

第二天，桓公命人搭起祭台，举行盟誓，桓公执牛耳为盟主，管仲为司仪，屈完代表成王与各国订了盟书。会盟之后，八国联军就撤了。

转天，楚成王果然派人给周天子送去了苞茅，周天子感动得热泪盈眶，对使臣说：哎呀，您家大王可真好啊。其实，他在心里说：小白更好。

这就是齐楚召陵之盟的全部经过。概括地说来就十二个字：气势汹汹而来，蔫不唧唧而去。王者争霸，不过如此啊。

向历史借智慧

商人无利不起早

商人无利不起早，不能赚钱的事情坚决不做。从这一点来说，政治家和商人有一定共通的地方。齐桓公打楚国，只是做个样子给其他国家看，同时压压楚国的气势，并给周天子一个交代。没有把握、没有明确利益的事情，齐国也不会乐意做，何况楚国实力不可小视，大家何必那么辛苦地打一场硬仗呢！这也告诉我们，做一件事之前，一定要明确自己的目标，知道自己要的是什么，然后才能正确地采取行动。

葵丘之盟

齐、楚召陵之盟后，齐桓公派使臣专程去了一趟洛邑，向周天子汇报了齐桓公征服南蛮楚国的喜事，周天子如招待神仙一样招待了使臣。可是，叫人纳闷的是，陪周天子招待齐国使者的不是太子，而是天子的二儿子。精明的使者看出了苗头，回去向齐桓公这么一学舌，说：这该不会是王廷大乱的先兆吧，不是我吓唬您，这事有先例的啊。

这事还真给齐桓公他们猜中了。原来，周天子宠上了妃子陈妫，想废掉太子，改立陈妫所生之子。这个事，齐桓公可不答应，他决定主动站出来主持公道。

转天，齐桓公写了个条子，通知已经结拜的兄弟们，来年春夏之交时在首止会合，节目到后便知。他一面通知周天子，届时，诸侯们要拜见太子，和他说说心里话；一边命陈敬仲先行来到首止，营建宫舍，以待太子大驾光临。

第二年五月，齐、宋、鲁、陈、卫、郑、许、曹八国诸侯在

庙堂真相

做大哥最怕的事

所谓霸主，就是大哥，大哥的职能之一就是维护秩序，有不听话的就整他一把，有太穷的就帮他一下。这一回，齐大哥的手伸到周天子的家务事中去了，幸好，周天子家比楚国人懂事，没让齐大哥难堪。要知道，做大哥最怕的事情就是，别人不给面子！

首止见面了，太子郑也随后赶到。桓公率诸侯拜见太子，太子郑再三谦让，坚持要以宾主之礼相见，桓公坚持君臣之礼，太子受宠若惊。

当夜，太子郑派人请桓公来到行宫，向桓公诉说了弟弟想要恃宠夺位的事情。桓公听完说，公子放心，我们就是为这个事来的。随后，太子郑依照桓公的“教诲”，在首止和诸侯们一住就是三个月，连自己老子的翘首期盼也顾不上了。

周天子这回算明白齐桓公的良苦用心了，他可不想束手就擒，于是给郑文公写了一封十万火急的鸡毛信，信中说：“太子郑违背父命，结党营私，无法再让他继承王位啦！您这次如果愿意先走一步，回头和楚国联合，共同辅佐次子带继位，未来的国家大事就托付给您了。”

郑文公大喜，对左右说：“俺的先祖武公、庄公几世为周朝重臣，领导诸侯，不幸中途衰落，以后厉公虽对周朝有大功，却未受重用。现在周天子独独看中了我，要与我共商国是，真是万水归海啊。”任左右劝他也没用，于是闷声不响，他不辞而别了。

齐桓公知道后大怒，说回头再找这小子算账，对太子郑的遭

典故制度

庆父不死，鲁难未已

庆父是鲁庄公的弟弟，庄公去世后，庆父不仅和嫂子私通，还杀死新即位的鲁君，另立八岁的小孩为国君，即鲁闵公。庆父的贪婪残暴和胡乱作为，激怒了鲁国上下。齐桓公派仲孙湫到鲁国去了解情况，仲孙湫回报说：“庆父不死，鲁难未已。”——如果不除去庆父，鲁国的灾难是不会终止的！果然，一年后，庆父又杀鲁闵公而自立。不过庆父自己也没有好下场，终因民愤太大，庆父逃出鲁国，不久自杀。

遇更同情了，决心好人做到底，便提出倡议：大伙儿歃血为盟，共同辅佐太子。

倡议一出，得到各诸侯国的广泛响应，于是，七国联军在首止举行了盟誓，太子郑亲临观礼并指导了工作。盟誓的盟词是："凡我同盟诸国，定当共同辅佐王储，维护周朝王室，若有违背盟誓者，神明灭之。"仪式完毕，太子泪流满面，心里没底。

第二天，各国纷纷派出车仗护送太子归周，齐桓公与卫文公亲自将太子送出卫境，太子垂泪而别。齐桓公回国后，对郑国再次采取胡萝卜加大棒的政策，又是打击，又是招安，三个回合下来，彼此又开始称兄道弟了。

齐桓公招抚郑国的时候，太子郑的心还没放到肚子里。不过，不久事情就出现了转机。

前653年冬，周惠王病重，太子郑担心继母陈妫与太叔带夺位，于是派遣下士王子虎赶赴齐国求援。还好，在各诸侯国的压力下，陈妫与太叔带非常识趣，他们没给大家添麻烦。

于是，太子郑顺理成章即位，这就是周襄王。

周襄王对齐桓公十分感激，派人给他送了祭肉、珍贵的弓箭

一句话读历史

苏秦嫂：因你如今有权又有钱

苏秦早年不得意，在秦国没找到工作，饿着肚子回家，被嫂子讥笑，父亲也不待见他。后来苏秦"合纵抗秦"之策成功，六国都聘请他做丞相。这次苏秦再回家，鲜衣怒马、仆从如云，嫂嫂见了，恨不得恭谨地跪到地上伺候。苏秦说："嫂嫂前倨后恭，是为什么？"嫂子诚实地回答："季子位尊而多金！"——因为小叔子您如今有钱有地位了！

和车子。齐桓公利用这个机会，于当年在葵丘大会诸侯，招待周王的使者，再次制定了盟约，史称“葵丘之盟”。

盟约宣称，“不准把水祸引到别的国家；别国有灾荒时，要卖粮食给它；不准更换太子；不准以妾代妻；不准让妇女参与国家大事；凡我同盟之人，立盟之后，所有恩怨一笔勾销”，等等。

据史书记载说，春秋五霸，以齐桓公最盛；齐桓公九合诸侯，以葵丘之会最盛。此外，当时齐桓公的一个小动作，还引起了后世史家的注意。

据《齐太公世家》里记载，当天，齐桓公听说天子特别允许他站着受赐，便要伸手过去拿赐礼。站在旁边的管仲一看，心说，老大呀，得意忘形了不是？

管仲拉住桓公，示意他，可不要这样无礼。

齐桓公马上反应了过来，对天子说：“天威近在咫尺，我如果不行下拜之礼，那就是侮辱了天子。”

于是下拜受赐。

葵丘之盟结束了，齐桓公也更风光了。

向历史借智慧

太子也要积攒人脉

世上确实没有白得的事情，就算生在帝王家，含着皇帝玉玺出生，要想做上皇帝，也不是那么容易的：家里兄弟多的，难免会有竞争；就算做了太子，没坐上皇位前也不能就说保险；家门之外，还有朝廷里的大臣和地方上的大员，这些人也随时可能威胁皇位，或者削弱皇帝的权力。所以，做了太子也得靠人帮，要积攒人脉，要借势。可见好领导也要有好人缘，人缘好才能一呼百应。

齐桓公之死

管仲、鲍叔牙死后，齐桓公也老了。这时候，他只对三件事、三个人提得起兴趣了。三件事是：美食、美酒、美女；三个人是：易牙、竖刁、开方。

至于公子们之间的明争暗斗啊，在他看来，都是小事，他是看在眼里，忘在心里。呸！能有多大出息呀？老子我风光到头了，你们有法比吗？

如果说，管仲、鲍叔牙之死，预示着齐桓公霸业的结束，那么，齐桓公不听管仲遗言，沉溺于美食、美酒、美女，重用易牙、竖刁、开方三人，则预示着他必将死无葬身之地！

易牙这人不简单，厨师手艺是一绝，为了讨老桓公的欢心，就将自己三岁的孩子杀掉，做成美食给老桓公吃了。

竖刁这人不简单，服务态度是一流，为了进王宫服侍他的偶像老桓公，便冒死割掉了自己的命根子。

开方这人不简单，忠心耿耿是一流，他本是卫国的贵族，为

庙堂真相

管仲知人之明

管仲去世前，齐桓公问他，谁能为相。管仲说，鲍叔牙疾恶如仇，器量窄；隰朋是个好人选，可惜命不长。又警告桓公要远离易牙、竖刁、开方这三人，小心这三人要乱国。果然，管仲死后，隰朋为相，不到一年就死了；鲍叔牙继为相，看到桓公宠幸三个小人，又气又急，也很快就死了。

了追随自己的偶像桓公，可以十五年不回家，就是父母去世，也不回国奔丧。

齐桓公晚年，齐国就由这三个人把持朝政。齐桓公一生有十多个儿子，其中，六个儿子被列入了舵手的候选名单。六个人中，除了公子雍出身低微，安分守己外，其余五位公子，都有一大帮哥儿们，白天黑夜寻思着要整死对方。易牙、竖刁、开方三人得宠，自然就成了大家眼里的香饽饽。这三个人也不闲着，到处都爱插一脚。

这天，易牙、竖刁忽然接到消息，说主公卧床不起，两个人过去一看，知道主子的大限到了，心里甭提多高兴了。

两个人的小脑筋这么一转悠，觉得自己拥立新君的时候到了，于是商议出一条妙计，在宫门上挂了木牌，假传桓公的话说：我的病没什么大碍，就是怕光、怕风、怕声音。这一段时间啊，不论是谁，都不许来烦我。我已经命令易牙和竖刁了，让他们紧守宫门。一切大事小事，等我病好后再作定夺。

木牌挂出后，两个人就守住宫门，只留公子无亏住在宫中，其他公子前来问安，也都不让入宫相见。老实说，他们是想考察

一句话读历史

周勃：从前不知狱吏的厉害

周勃是西汉开国名将。刘邦死后，吕后势力独大，周勃、陈平等一帮老臣发动兵变，诛诸吕，立汉文帝，有再造汉室之功。但功高震主，后来周勃被汉文帝找借口关进监狱，受尽狱卒们的羞辱。等周勃从狱中出来，由衷地说了一句话："吾尝将百万军，然安知狱吏之贵乎！"——我曾经率领千军万马，以为自己很厉害，哪里知道小小狱吏都这么牛！

一代枭雄的绝境生存能力。

转眼间，三天过去了，桓公居然没咽气。两个人见主子的生命力如此顽强，一齐说，嘿，这老不死的，太不把咱们当棵葱了。好么，看谁斗得过谁。

于是，两个人一声令下，把侍奉在主子左右的人，无论男女统统赶出宫外，把宫门关了。紧接着，他俩又在主子卧室的周围，筑起一丈高的围墙，连风都透不过去，只在墙下留一出入口，像狗洞一样，早晚派小内侍爬进去，看望主子的生死。与此同时，又整顿宫中卫队，提防众公子闹事。再说桓公躺在床上，难以起身，呼唤左右侍从，也听不见一个人答应，只好睁大双眼，呆呆地望着天花板出神。这时候，只听见“扑通”一声，好像有人从老高处掉下来，不一会，真有人推开窗子跳了进来。

桓公抬眼一看，是小妾晏蛾儿，就对她说：劳驾，我肚子非常饿，想喝一点粥，你能给我拿来吗？蛾儿说，没有粥。桓公又说，那么，弄点热水解渴也好。蛾儿说，没有热水。

桓公不高兴了，就说：怎么会这样呢？

蛾儿回答说：您的红人易牙、竖刁他们把住了宫门，还在您

一句话读历史

曹操：宁我负人，毋人负我

曹操因得罪权臣董卓，被迫逃亡，逃到好朋友吕伯奢的家里。吕伯奢并不知道曹操是通缉犯，还欢欢喜喜地交代家人杀猪备酒，要招待客人。谁知曹操听到后厨有磨刀声，又说要杀什么东西，顿时神经过敏，先下手为强，把吕家上下都杀了。等曹操明白是一场误会时，长叹一声，说：“宁我负人，毋人负我！”曹操的理论是，危机时刻，宁可错杀，不可被人杀，必须不惜一切代价，铲除危险和可能危险的人。

房子外筑起了一丈高的墙，连苍蝇都飞不进来啦，我又到哪里弄粥和水呢？

桓公又说：那你怎么进来的呢？蛾儿说：我曾经受过君王的宠幸，所以不顾危险，翻墙才进来的，我只想最后服侍君王一回。

桓公问：那太子昭在哪里？你叫他来帮帮我！蛾儿回答说：也被二人挡在宫外了。

桓公长叹一声说：管仲真是圣人啊，全给他说中了！早知今日，何必当初，我这是自作自受啊。

说罢，又高声大呼：老天啊！我小白一生英明，难道只能落得这样的结局吗？喊罢，连叫数声，又吐了几口血。

蛾儿连忙安慰主人说，您千万别上火，回头再找他们算账。

桓公叹息着说，怕没机会了。我死之后，见谁都不怕，只是没脸面见管仲啊！说完，用衣袖盖住自己的脸，连叹数声，一口气上不来，就过去了，享年七十三岁。

桓公在位四十三年，以争霸为终生职业，睥睨天下，叱咤半世，最后终于死在儿子们、臣子们争权的混乱之中，而且，死后六十七天不得安葬，以至于虫蚁都来大饱口福，他真是死不瞑目呀。

向历史借智慧

不爱自己的人也不可能爱别人

齐桓公作为一代霸主，也算得上英明，结局却这样惨，很让人感叹。桓公错就错在宠信了易牙、竖刁、开方这三人。这三个人是历史上臭名昭著的小人，一个自阉、一个煮了亲生儿子给人吃、一个身为贵族却十几年不回家，虽然打着献身主人的无私旗号，但要指望他们真正无私奉献，那就要上当了。不爱自己也不爱家人的人，是不可能真正爱别人的，这样的人不但不值得信任，而且，往往心狠手辣，翻脸无情，所以一定要小心。

泓水之战

宋襄公对“霸主”特别敏感，齐桓公活着时，他盼望人家死；齐桓公一死，他急忙去奔丧，然后撕下小国的面孔，露出“我很小，但我很强”的声势来：我要当霸主！

很快地，他召开了一次盂地之盟，庞然大物楚国来了，还有几个小国来看热闹。居然真有热闹看：楚人把宋襄公绑起来，扔进了囚车。不久后，楚成王把宋襄公放了，并很快忘了这件事，宋襄公当然记了下来。当然，他是个聪明人，明摆着自己不是楚成王的对手，于是决定拿弱小的郑国开刀。因为，盂地之盟时，郑国与楚成王是一个鼻孔出气的。

郑文公接到探子的报告，听说宋襄公要来找碴，大吃一惊，连忙派人向楚成王求救。楚成王一听，要打我哥儿们，那哪行啊，这忙必须帮。君臣一商量，决定来个釜底抽薪，直接杀奔宋国去了。

这时候，宋襄公正与郑军相持不下，听到楚军要端自己的老巢，十分乖巧地撤退了，昼夜兼程，返回自己的地盘，在泓水南岸扎

庙堂真相

志大才疏宋襄公

宋襄公是宋桓公的弟弟，也即大嘴巴宋闵公的侄子。宋国本身国力不强，又接连发生内乱，但襄公有大志，紧跟霸主齐桓公。桓公死后，他想成为霸主的接班人，但光有理想、没有实力，所以失败了。可见，精神的力量并非万能的，梦想一星期，不如埋头学习一小时。宋国都城睢阳，在今河南商丘。也有一种说法把宋襄公列为“春秋五霸”之一。

好营寨，一门心思地等着和楚军交手。

不久，楚国大将成得臣就率大军到了，二话不说，来下战书。老实说，宋国的大臣们心里都没底，希望主公考虑求和。

宋襄公撇撇嘴，回答说：怕什么呀。南蛮虽然厉害，但道德不高尚；俺们虽然弱一点点，但道德高尚啊。道德的力量是无穷的，知道不？

于是宋襄公大笔一挥，批定十一月初一，双方在泓阳交战。又命令士兵制作一面大旗插在大车上，旗上写着“仁义”两个大字。

看到这些，大将公孙固叫苦不迭，只好硬着头皮，准备舍命陪君子。到了交战那一天，鸡还没叫呢，公孙固一骨碌爬起来，敦促襄公，下令大军严阵以待，楚军不是闹着玩的呀。

再说楚将成得臣在泓水北岸驻扎，他哪里会将宋襄公放在眼里！参谋长建议他五更渡河，避免被偷袭，他也懒得听。天亮以后，部队才三心二意地开始渡河。

公孙固见此天赐良机，一辈子也赶不上一次，急忙敦请襄公下令，来个半渡而击之。襄公撇撇嘴，指着大旗说：你识字不？“仁义”二字认识不？我堂堂仁义之师，岂有乘敌军半渡而击之的道

一句话读历史

萧宝卷：为什么打仗只让我掏钱

东昏侯萧宝卷荒淫好杀。为讨宠妃潘玉儿高兴，他用金片做成莲花，铺在路上，谓之“步步生莲”。又在宫中设立市场，官员们谁消费得多，谁就是忠臣。萧宝卷还大肆搜刮财物，说整个天下都是他的，拿点钱算什么。造反军兵临城下了，有人劝萧宝卷拿些钱来赏赐守城将士，萧宝卷答：“贼来独取我邪？何为就我求物！”——反贼难道就只捉我一个人吗？为什么只向我要赏赐？大臣们愤怒不已，杀了萧宝卷，开城投降。

理？公孙固不敢说话了，暗暗叫苦，冷汗都出来了。

一会儿工夫，楚兵全都渡过河。只见成得臣戴着精美的帽子，上面扎着玉缨，身穿绣袍，外着软甲，腰挂雕弓，手执长鞭，指挥士兵，东西布阵，气宇轩昂，一副旁若无人的样子。

公孙固见到只有下辈子才能赶上一次的机会，再次敦请襄公下令出击。

宋襄公往他脸上吐口唾沫说：呸！闭上你的臭嘴。你就会贪小便宜。我堂堂仁义之师，岂有乘敌人没列成阵就进攻的道理？公孙固只好再次暗暗叫苦。

楚兵终于摆好了阵势，只见人强马壮，漫山遍野，宋襄公这才倒吸一口凉气。这时候，宋兵人人都面带惧色，心想，看来这回得舍命陪君子了。

随后，襄公下令击鼓进军，他自己举着长矛，带着大部队催马冲向敌阵。成得臣见宋兵来势凶猛，暗自传下号令，开了阵门，只放宋襄公一队人马进阵。公孙固不好意思看见主公死得很惨，急忙随襄公杀入阵中去了。

一时间，天昏地暗，日月无光。襄公的护兵一个个身负重伤，

典故制度

帝女乃公侯主婚，故有公主之称；帝婿非正驾之车，乃是驸马之职。

皇帝的女儿出嫁时，都是由公侯主婚，所以称“公主”；汉武帝时，设置驸马都尉一职，掌管副车之马，后来三国时魏国公主的丈夫何晏担任驸马都尉，从此以后，皇帝的女婿照例都加驸马都尉一职，简称驸马，驸马就成了帝婿的称呼。

但永不言弃保护主人的精神让楚军大为感动。于是，成得臣下令，网开一面，暂缓攻击。原来，生活中的宋襄公对待手下人极其宽厚，所以大家都愿意以死相护。

公孙固乘机冲上去，只见同事公子荡身负重伤，倒在车下，仁义大旗已被楚军夺走了。宋襄公身上多处受伤，右腿中箭，已站不起身了。公孙固拼死救出襄公，宋军大败而逃。成得臣乘胜追击，宋军的车马器械差不多都丢得一干二净。

公孙固与襄公连夜逃回都城，反思去了。

这次大战，宋兵伤亡重大。残兵们都自发地凑在一起，一边抹眼泪，一边总结经验教训。他们暗地咒骂襄公，说他不听公孙固的以暴制暴的战略战术，以至于有此大败。

襄公听到这些话后，语重心长地说：这都是楚人的野蛮所致！我的军队就不是这样。你们没有看见我的规定吗：不许杀负伤的敌人，不擒拿年纪大的敌人？我就要用仁义带兵，岂能效仿那种斩尽杀绝的野蛮行为？

就这样，泓水之战结束了。第二年，宋襄公伤重去世。仁义王天下的结局如何，我们其实已经知道了。

向历史借智慧

请先学习游戏的规则

宋襄公待人友善，宽宏大量，重信用，讲仁义，这样的人无疑会是个好哥儿们。但他一旦迂腐起来，也真是可气可恨。而当他的迂腐遇上最不讲规矩的楚国人时，就成了悲剧。人们参加一个游戏，事前最重要的工作，必定是先熟悉游戏的规则；接触一个合作伙伴或者竞争对手，事前最重要的工作也必定是了解对方的底细，尤其是要先摸清楚对手的规则。对于战争来说，胜利第一，其他都是废话。

别取笑残疾人

齐桓公之后，齐国的霸主地位不再，但依然强大。

历史又过了五十年，到了齐顷公时代，晋国的国君晋景公派上将军元帅郤克出使齐、鲁两国，以便联络感情。

郤克到鲁国行聘礼完毕后，正准备告辞去齐国，恰好鲁国这时也准备去齐国行聘礼，鲁宣公便派上卿季孙行父同郤克一同前往。

鲁宣公的位子，就是齐国现任国君齐顷公的爸爸齐惠公帮助他得来的，所以一直以来，他对齐国国君非常恭敬，每年都定期去送聘礼。

两个人才到齐国郊外，碰巧又遇见卫国的上卿孙良夫和曹国的大夫公子首，原来他们二人也是去齐国行聘礼的，于是，四人结伴而行，不久就抵达了齐国。

头天，四位大夫住在公馆里，第二天一同去朝见齐顷公，各自奉上主子的美意。齐顷公见了四位大夫的容貌，暗暗称奇，差点儿没笑出声来。

一句话读历史

仇士良：天子不可令闲暇

仇士良是唐朝中期的大太监，伺候过宪宗、文宗、武宗三任皇帝。到文宗时，仇士良更是掌握着皇帝禁军，飞扬跋扈，一手遮天。对于怎么“驾驭”皇上，仇士良的经验是：“天子不可令闲暇。”包括应该经常以奢靡来掩住皇帝的耳目，使他沉溺于宴乐中，没工夫管别的事情；千万不要让他读书，不要让他接近读书人，否则，他就会知道前朝的兴亡，内心有所忧惧，便要疏远太监。

原来，晋国的大夫郤克是个独眼龙，只用一只眼睛看人。鲁国的大夫季孙行父是个秃子，头上没有一根头发。卫国的大夫孙良夫是个跛子，两脚一高一低。曹国的大夫公子首是个驼子，两只眼睛无法平视。

您想啊，人生在世，五官不正、四体不全的人有的是，但是眼前，四人各占一种毛病，又同时出现在朝堂上，齐顷公能不偷着乐吗？

退朝后，齐顷公回到后宫，见到母亲萧太夫人，终于忍不住笑了。太夫人是萧君的女儿，嫁给齐惠公。自惠公死后，萧夫人日夜悲泣。顷公很孝顺母亲，每件事都想哄她开心，即使市井里有可笑的事，也一定要在她面前学一番，让她高兴高兴。

萧太夫人见儿子大笑不止，就来询问缘由。喘口气后，齐顷公就把刚才朝堂上的乐事向母亲学了一遍。

萧太夫人只听其声，不见其形，实在想象不出四个人的模样，便提议观摩观摩这四位异人，看看究竟是不是像儿子说的这么可乐。

齐顷公笑着说，没问题呀，转天儿，儿子就命人在后苑设宴，诸大夫赴宴，必定从崇台下面经过。到时候，您在高台上这么悄

典故制度

纶音懿旨

"皇帝之言，谓之纶音；皇后之命，乃称懿旨。"纶音、纶言、纶命、纶旨、纶书、纶章，都是指帝王的诏书旨意；皇后的命令，则称懿旨。"龙之种，麟之角，俱誉宗藩；君之储，国之贰，首称太子。"帝王家族，称宗藩，文雅的说法就是龙种麟角；至于太子，是预备君主，即储君，又称储贰。

悄地掀开帷帐，就可以看见了。

事情就这么定了。转天，宴会如期举行，萧太夫人也提前悄悄地到了崇台。

按以前的惯例，凡是有使臣来齐国行聘礼，赴宴时，车马仆从都由主人安排。为了增加喜剧效果，顷公又在这个关节上动了一点歪脑筋。

原来，就在这一两天中，齐顷公又在国中秘密地选出瞎、秃、跛、驼各一人，让他们分别为四位大夫驾车。大夫国佐知道这事后，认为不妥，就劝谏说：主公啊，这朝聘可是国家的大事啊。宾恭主敬都来不及呢，怎么能当儿戏呢？顷公主意已定，就是不听。

于是，萧夫人掀开帷帐一看，就见车马过处，瞎子为瞎子驾车，秃子为秃子驾车，驼子为驼子驾车，跛子为跛子驾车。

不用说，萧夫人当即乐得直不起腰来，左右侍女也笑得不行，笑声嗖嗖地就传到了大夫们的耳朵里。

再说郤克，看见为自己驾车的车把式是个瞎子，心想，怎么这么巧？也没太在意。等听到台上有妇人的窃笑，他心里还在纳闷，疑心自己有什么失礼的地方。

一句话读历史

蔡京：既想做大官，又想做好人，岂可得兼？

蔡京是北宋权相，名声不好。有个叫吴伯举的官员，正是走蔡京的关系才升的官，但是官做得大了后，开始爱惜羽毛，就想和蔡京划清界限。蔡京直接就把他贬出京城，吴伯举知道利害了，转头再向蔡京求情，蔡京说：“既作好官，又要作好人，两者岂可得兼耶！”——既想官场地位稳，又想做好人，哪有这么便宜的事情。于是不再提拔吴伯举。

席中，郤克见鲁、卫、曹三国使臣面有不快，各自喝着闷酒，自己便草草喝了几杯酒，告辞回到馆舍，派人前去打听：台上都是什么人？今天是怎么回事？

没多大工夫，下人回来说，台上是国母萧太夫人。话没说完，鲁、卫、曹三国使臣都回来了，一个个面有怒色。见面就说，大哥，您知道吗，刚才顷公故意选些乱七八糟的驾车人来戏弄咱们，供妇人观看耻笑，咱们一片好心，他有这么待客的吗？

这时候，郤克终于明白是怎么回事了，腾一下火就上来了，说：咱们好心好意前来交好，反被人侮辱，此仇不报，誓不为人！

行父等三人赶忙说，大哥，您如果要出兵教训顷公，我们一定说服我们主公出兵帮助您。郤克说，你们三位如果真有这心的话，咱们就喝血酒，发毒誓。出兵教训的那天，如果有口是心非的，不得好死。

没问题呀！于是，四个人喝了血酒，发了毒誓，这一夜也无心再睡觉，挨到天蒙蒙亮，气冲冲地套好马车，对谁也不打招呼，就驾车各还本国去了。

到这里，咱们都知道，事情闹大了。郤克回到晋国后忍辱负重，

一句话读历史

李勉：举世皆知但皇上不知

唐德宗时，卢杞当权。卢杞为人阴险狡诈，又凶狠残暴，报复心极重，所有官员都怕他。后来卢杞失势，他做过的坏事被陆续揭发出来。唐德宗问，众人都说卢杞奸邪，我怎么不知道？宰相李勉回答：“人言而陛下不觉，此杞之所以为奸也。”——举世都知道卢杞是奸邪小人，只有皇上您不知道，这正是卢杞的奸诈之处啊！

终于在几年后发兵攻齐，挑起鞍之战，结果齐国惨败，血流成渠。有多少齐国冤魂知道：这一切，只是因为一个小小的玩笑呢？

向历史借智慧

做人不能太“齐顷公”

有句古话叫“瓜田李下”，经过西瓜地时，鞋带松了不要弯腰去系；走过李子树下，不要伸手去摸自己的帽子。目的都是一个，在容易惹人生疑的地方，要主动避人嫌疑。聪明的人都懂得这个道理，当别人抱了一堆钞票在点数的时候，旁人合适的做法就是自觉地离得远一点，万一少了几张，谁也说不清。而最愚蠢的人，就是像齐顷公这样，明目张胆地排一出喜剧给人看，这不是找不痛快嘛！

二桃杀三士

春秋后期某一天，齐国大路上。

齐国三位勇士公孙接、田开疆、古冶子正在专心地走路，相国晏子从对面走了过来，看见三位，紧走两步，跟他们打了三声招呼。

不过，三人根本没有理他。晏子很生气，第二天就去见齐景公，说道："我听说明君手下的勇士，上有君臣之义，下有长幼之礼，内能除暴，外能抗敌。现在主公手下的公孙接、田开疆、古冶子，上无君臣之义，下无长幼之礼，内不能除暴，外不能抗敌。这是国家祸乱的根源啊！我看该把他们除掉。"

齐景公略有点为难，要知道，这三位不但是齐国的功臣，还是悍臣，平时齐景公都让他们三分的。

"这三个人，既没人抓得住，也没人杀得了啊！"齐景公把为难之处说了出来。

晏子也明白这个道理，但他善于思考，终于，他想出了一个

名臣风骨

晏婴：小鬼当家

春秋时代，齐国先后出了两大名相，先是管仲，再是晏婴。晏婴身材瘦小，常被人嘲笑，但他极聪明，口才极好。一次，他出使楚国，楚国人欺负他，故意只开一个小门，晏婴说：楚国又不是狗国，怎么开个狗洞让我走？楚王说，齐国是不是没人啊，怎么派了你来？晏婴答：我们齐国的习惯是，好人出使好国，孬人出使孬国，像我这样没出息的，就被派到楚国来了。一番话弄得楚国人灰头土脸。

办法。

几天后，齐景公和晏子请公孙接、田开疆、古冶子到宫廷里吃饭。当然，还有很多大臣作陪。这些人吃得酒足饭饱后，正要走，晏子说话了。

“我的王！”他看着景公，“您后园的桃子熟了吧，何不摘些来赏赐给众人吃呢？”

景公见晏子在跟自己眨眼，赶紧附和：“是啊，来人去摘桃子啊。”

只一会工夫，按照晏子之前的吩咐，有人拿来了四个桃子。晏子故作惊讶地说：“怎么这么少？！”

那人就回答：“许多桃子还没有熟透，只有这四个还算好。”

晏子就表现出无奈来，看了一眼下面的人，下面的人也都在看他，那三个武夫也正在瞪着他。他摇了摇头，就去看景公。

景公不作声，晏子突然作醒悟状：“主公，既然是四个桃子，那就按功劳来分吧。谁的功劳大，谁就吃一个。”

蹭饭的人异口同声说：“这个主意好。”

晏子就说话了：“我们齐国能称霸东方，主公功劳最大，应

一句话读历史

慈禧：谁让我不痛快一时，我就让谁不痛快一世

1894 年，慈禧六十大寿，准备在颐和园摆庆生会。但颐和园的现状让慈禧不满意，于是，她挪用海军军费修缮颐和园。当年，中日甲午战争爆发，有人建议慈禧把挪用来修缮颐和园的海军军费归还海军，以购买武器。慈禧暴跳如雷，说：“今日令吾不欢者，吾亦将令彼终生不欢。”——谁让我不痛快一时，我就让谁不痛快一世。

该吃一个。”

众人道：“对。”

景公也不客气，拿了一个就咬上了。他一面吃，一面说道：“能让诸侯国看得起咱们齐国，相国功不可没，您要吃一个。”

三个武夫立即嗷嗷地叫了几声，晏子可不管这些，伸手就拿起一个，啃了起来。

下面的人都看着，两个人慢慢吃完了。这时，晏子才慢慢地说：“诸位都是邦国重臣，也不知道谁的功劳大。请诸位各自说明吧，看谁功劳大，谁就吃。”

说完，他就去看那三个武夫。公孙接头皮发凉，立刻仰天长叹道：“晏婴这矮子果然奸诈非常，一定是他出的主意，让主公叫我们三人争功火拼。我虽然能看破他的阴谋，但如果不敢接受桃子，也算不上勇士了。”于是他对田开疆和古冶子说：“三个人两个桃，只好各摆功劳了。”

还没有等两人搭话，他跳了出来，朝上说道：“我陪主公出去打猎，第一次杀死一头野猪，第二次杀死一只老虎。我大概有资格吃一个桃子吧？”

典故制度

尊卑失序，如冠履倒置；富贵不归，如锦衣夜行。狐裘三十年，俭称晏子；锦幛四十里，富羡石崇。

尊卑次序乱了，便如同把帽子穿在脚上、把鞋子戴在头上。富贵了不回家乡，如同穿着华丽的衣服在夜里行走——没人看得到。所以又有“衣锦还乡”一词，意思是人一旦富贵了，一定要回家乡走一走，以显荣耀。齐国丞相晏子，一件狐皮大衣穿了三十年，生活节俭。东晋大臣石崇生活奢侈，与人斗富，铺设四十里长的锦帐。

于是他拿了一个桃子。

公孙接还未开吃，田开疆冲了出来，大声说道："当初秦军来攻，我率军直冲敌阵，主公您可在敌阵里呢，若不是我……"话未说完，他已经拿了一个桃子，并且立即咬了一大口。

最后是古冶子，他有着儒士之风，坐在那里，不紧不慢地说："我曾经为主公驾着马车渡河，一头巨鼋咬住了左边那匹马，把马车拖向河心。我不会游泳，只好猛吸一口气跳下马车，在河底走了一百步，终于把巨鼋杀死，救主公脱了险。难道我不比二位更有资格吃一个桃子吗？"

他说完，就站起来拔出了剑。众人大惊，以为他要动手抢桃子。

公孙接知道这位兄弟的脾气，他慌忙说道："我的勇敢不如你，功劳也不如你。我居功恃勇，居然恬不知耻地抢了桃子。我是小人，但不是懦夫，我敢做敢当。"说完他把桃子放回原处，抽出剑，向脖子一抹，一命呜呼了。

古冶子仍旧像个儒士一样，他看着，热血开始沸腾。突然听得一声闷哼，扭头一看，田开疆比他还快，已经自杀了。

古冶子这才开始慢慢地说话："我们三人本来亲如兄弟，现

野史秘闻

别乱得罪人

春秋时，十一国联军攻齐，齐灵公领军后撤，齐国的宦官夙沙卫懂点军事，组织人以辎重为障碍，放在路中间阻挡敌军。齐国勇士殖绰和郭最当面嘲笑夙沙卫，意思就是太监也想搞军事。这下夙沙卫怒了，他命人宰掉马匹挡在路上，把殖绰和郭最的后路堵死，二勇士进退不得，让联军给干掉了。所以呀，别乱得罪人。

在为了争这两个桃子，你们两人都被我逼得自杀了。我如果独活，是不仁；我自吹自擂而羞辱勇士，是不义；悔恨自己做错了事还不肯死，就是不勇。”他说完，也挥剑自杀。

这就是历史上的“二桃杀三士”，也是晏子智谋的最麻辣表演。

向历史借智慧

荣誉和性命，哪个更重要

荣誉和性命，哪个更重要？这个问题要是放在考试试卷上，标准答案百分百地会是：荣誉更重要。就像我们看故事，齐国三勇士，一个个死得多悲壮、多有英雄气概！但看故事容易，真要自己面对这样的抉择，就难了。人生不是拍电影，幸福的人生并不是非要这般波澜壮阔不可，平平淡淡才是真。生命只有一次，荣誉固然重要，但犯得着以性命做代价吗？做人要学忍得胯下辱的韩信，不要学齐国三勇士。请珍惜生命！

学习笔记

学习笔记

第三章　秦晋那些年

历史上，最后战胜群雄、统一中国的正是秦国，但在春秋时代，秦国的力量还在渐渐积累，秦穆公是这一时期秦国最重要的君主，也是春秋五霸的候选人之一。

后世人们常把男女婚姻称为“秦晋之好”，“秦晋之好”的故事就发生在这一时期。晋文公流浪十九年，终于在秦穆公的帮助下，坐上晋国国君的位置。之后，晋国迅速强大，晋文公成为继齐桓公以来最无可争议的霸主。

晋国霸业历经三代国君，长达一百余年。在这一百多年里，秦国和楚国两个庞然大物觊觎中原，中原和平的重任，主要就靠晋国来维护。在西线，它让秦国明白什么是痴心妄想；在南线，它让楚国懊恼既生晋，何生楚。

但霸主往往是这么一回事，一场大战打赢了，就成为霸主；然后输了一次大战，霸主之花就落在别家头上了。因此，晋霸天下时期，国际风云诡异莫测，各国前途走向不明。

骊姬之乱

晋献公一生娶了六个老婆，生了五个儿子：大太太齐姜生了太子申生，二太太戎国狐姬生了重耳，狐姬的妹妹三太太小戎子生了夷吾，四太太骊戎人骊姬生了奚齐，骊姬陪嫁的妹妹五太太生了小卓子。

四太太骊姬的传奇是这样开始的。公元前672年，晋献公讨伐骊戎，骊戎不出一兵一卒，笑嘻嘻地献上一个美女，说，唉呀，劳您驾跑这么远，让您受累了，有个小礼物送给您，您一定不要嫌弃。

晋献公一看这礼物，当时就蒙了。哎呀，太漂亮了，都不好意思再对娘舅家人下狠手了。没几天，献公笑眯眯地班师回朝了。这个美女就是骊姬。

骊姬怎么个美法？据史书记载：风姿堪比息妫，娇媚堪比褒姒，妖冶堪比妲己。直白地说，就是春秋时期数一数二的大美人儿。

除此之外，这骊姬还有一个和她的年龄极不相符的特长，那

庙堂真相

晋国起源

晋国在今山西，前后传了十多代时，到公元前678年，曲沃武公改称晋武公，这就是晋献公的父亲。第二年，晋武公去世，献公即位，之后迁都绛，别都曲沃。在春秋时期，晋国是一大强国，但奇怪的是，却是东周各国中消失得比较早的，前403年，韩、赵、魏三家分晋，晋国消失。分裂后的韩、赵、魏仍是战国时代的强国。

就是，心眼儿特别多。到了晋国以后，她时常为献公参谋政事，往往十个主意九个好用。因此，献公对她宠爱无比，时时刻刻和她腻在一起，再看别的太太，就跟仆人似的。

转眼间，七年过去了，他们的爱情终于有了划时代的突破，骊姬为晋献公生了一个儿子，取名奚齐。

不用说，这突如其来的喜讯也扰乱了美人骊姬的芳心。

于是，她脑子一激灵，想出一个宏伟的目标：做一回大太太玩玩。当娘的要是做了正夫人，那日后儿子奚齐当太子，不也就顺理成章了吗！这个主意好。

没想到，这话还没说出口呢，献公倒说出来了。

骊姬一听，那哪行啊，她哭哭啼啼说：眼下的太子申生这么孝顺，这么讨大臣们喜欢，您有这个念头，教我们母子俩怎么活呀？！

献公一听，哎呀，四夫人太贤惠了，又美得这样感天地、泣鬼神，不当大太太实在说不过去，当下笑眯眯地否决了骊姬不求上进的想法。

接下来，献公开始犯难了。要知道，大太太没有责任事故，

一句话读历史

刘秀：仕宦当做执金吾，娶妻当娶阴丽华

执金吾是京城禁卫军的指挥官，地位高、权势重，最主要的是，执金吾出巡，排场大，威风凛凛。刘秀在京城读书时见识过一次，一下子就被震住了，羡慕不已。阴丽华是刘秀老家南阳的大美女，颜值高、出身好，是男生都爱慕的女神，年轻的刘秀一见她就被俘获了。所以刘秀发出感慨：“仕宦当做执金吾，娶妻当娶阴丽华。”公元 25 年，刘秀称帝，建立东汉政权，封阴丽华为皇后，在出巡的排场上更是远胜执金吾。

随便让她下岗，是不道德的。这可怎么办呢？于是，献公决定听听老天爷的意见。

转天，献公让太卜郭偃烧乌龟壳卜了一卦，乌龟壳告诉献公说：这个想法不好。紧接着，郭偃念了一句爻辞说：“香草和臭草放在一起，过了十年还会有臭味。”

献公说，这个乌龟老糊涂了，别信它的。又教太卜改用筮草卜了一卦，筮草非常通人性，说：这个想法非常之好！献公当时就乐了，说：筮草和我站在一边，二比一，通过。

就这样，四太太顺理成章地当上了大太太。随后，大太太打定主意，要在有生之年，不懈地拓展她生命的质量和宽度。

会算一加一等于二的人都知道，四公子奚齐要想顺理成章地当上太子，太子申生、二公子重耳、三公子夷吾是不得不被扫除的障碍。

这时候，献公已经是说走就走的年纪了，于是乎，骊姬适时地为她日后的事业，物色好了可持续发展的得力帮手：献公的宠臣梁五、东关五，以及小戏子小施。

梁五和东关五二人因为为人奸诈，被晋国老百姓背地里称作

典故制度

水神曰冯夷，又曰阳侯，火神曰祝融，又曰回禄。

冯夷，传说是帝轩辕之子，生前为水官，死后为水神；周武王伐纣时，商朝大臣阳侯率军迎战，兵败后溺水而亡，后人为纪念阳侯，奉其为水神；祝融是神话传说中的古帝，号赤帝，尊为火神；回禄也是传说中的火神，不过后来多用作火灾的代称。

"二五"，不知道后来的俗语"二五眼"是不是来源于此。而小戏子小施，面目姣好，为人机灵，风华正茂，也颇得献公器重。

好了，角色都已经到齐了，好戏就要开场了。

第一幕剧：在"二五"的大力推荐下，晋国的祖坟曲沃，由太子申生去镇守；边防要塞蒲城，由公子重耳镇守；边防要塞屈城，由公子夷吾镇守。理由是，在彪悍的戎人和狄人的锤炼下，三位公子肯定会茁壮成长起来。晋献公说：好！非常感谢二位的美意。这几人背地里则狂喜：小样们！看戎人和狄人整不死你们仨！

可是人算不如天算，转眼间，十年过去了，三位公子真被锤炼得超级棒。骊姬非常失望，十年啊，青丝成雪。骊姬一咬牙，心说，不能再等了。

于是，第二幕剧开演了。骊姬托人给在曲沃的太子申生带信说："您爸爸梦见了您母亲齐姜，请您务必在百忙中赶快去祭祀祭祀她。完了，别忘了把猪头肉捎回来。您知道的，您爸爸就好这一口。"

于是，太子屁颠屁颠去祭祀一番，把祭祀的酒肉托人带回来献给晋献公。不料，晋献公在外打猎，五六天才回来，祭祀的酒

一句话读历史

杨震：天知，地知，我知，你知

东汉历史上有位著名的清官叫杨震，他学识渊博，培养了无数弟子，后来做官，又提拔了许多品行高洁的学生，所以被称为关西夫子。有个官员深夜来给杨震送礼，杨震不收，官员说："我知道老师为人清廉，放心，我是一个人来的，现在是深夜，根本没有人知道这件事。"杨震回答："天知，地知，我知，你知。怎么能说没有人知道呢？"这句"天知，地知，我知，你知"，成为历代读书人和官员的自警名言。

肉就在宫中放了六天。为了不使酒肉变坏，骊姬又在酒肉里加了些佐料——“相思断肠散”。以至于公元前656年的一天，晋献公打猎回来，开第一顿午饭时，就发生了“太子想谋害爸爸”的事情。

接下来的事情就非常好办了。太子逃到了新城，晋献公杀了太子的师傅杜原款。有人要太子申辩，太子说，我爸爸如果没有骊姬，一定会吃不香、睡不着的，还是我做点好事吧，就自杀了。

解决了老大，还有老二、老三呢。这几位又提示晋献公说：这个事，太子一个人干得了？二公子、三公子心里没鬼？献公一发怒，两个公子就逃走了。于是，四公子毫无悬念地当上了太子。

没多久，献公一命呜呼。四公子又毫无悬念地当上了国君。这时候，大臣里克、大夫郑父不忿了，不管三七二十一，将骊姬和国君杀了。没几天，五公子小卓子继了位。里克和郑父一想，杀！五太太和五公子小卓子也死了。

到这里，骊姬乱晋的故事就结束了。后世的许多才子说，骊姬之所以乱晋，是因为她想为骊戎族复仇，因为献公三番五次地欺负骊戎族，她是骊戎族的民族英雄。

名臣风骨

孤竹国的传说

据传，孤竹国是商朝分封的诸侯国，国君有两个宝贝儿子，很有名，一个叫伯夷，一个叫叔齐。这兄弟俩先是互相让皇位，谁也不愿接国君的班，两人先后跑了。后来周武王伐商时，这哥儿俩赶去劝阻，劝阻没成，周把商灭了，他俩一赌气，决心不食周粟，双双饿死。孔子称之为贤人。

当然，她有这个心最好。不过，从她做事的手段和智慧看，她是没这个想法的。她也就是闲得发慌，后世的才子们高估她了。

向历史借智慧

给孩子王位不如给孩子平安

世上做母亲的，总希望把所有的好东西都给孩子，却不知道，给得多，也可能是在害孩子。骊姬就是这样，儿子含着金钥匙出生，锦衣玉食，但这些还不够，骊姬还想给儿子要一个国君的位置，这个由母爱生发出的愿望，却让自己和儿子同时深陷险境，最终走向毁灭。溺爱是一种很危险的东西，与其给孩子很多东西，不如给他以健康、平安和好品德，同时，千万别教给他贪婪和恶习。

假道灭虢

晋献公的时候，晋国有两个近邻，一个叫虞国，一个叫虢国，这两个小兄弟一向非常哥儿们。有段时间，晋献公打算向崤函一带扩充自己的版图，但崤函却是人家虢国的地盘，于是晋献公决心要拿虢国开刀。

这事还特别费神，因为虞国夹在晋国和虢国的中间，想打虢国的主意，就非路过虞国不行。而且，他们一向非常哥儿们，如果攻打虢国的话，虞国一定不让；如果攻打虞国的话，虢国也一定会拔刀相助。

晋献公向大臣们寻求帮助。荀息献计说，虞公那老顽物唯利是图，好色成性，如果咱们悬赏征求国内的美女，教她们歌舞，让她们乘着豪华的大车，穿着好看的衣服，送给虞公；再送他一些财宝，说些好话，表达咱们的亲善之意，他 高兴，不就什么事都成了吗？

接着，他又摆出了困难说，您知道，借道行军的事，搁在谁

成语典故

危如累卵

晋灵公贪图享乐，有一次，他要造一座九层的楼台，并向外宣称，谁不让建就砍谁的脑袋。荀息找到灵公，说要给国君表演一个特技。他拿出十二颗围棋子，垒在一起，又掏出九个鸡蛋，一个一个地慢慢往上垒。灵公一边看，一边大喊：危险，要倒了！荀息就说，这算什么，还有比这更危险的呢。灵公一听，终于醒悟过来。这就是典故“危如累卵”。

那里都是个大事，送的财宝如果不是至宝的话，恐怕没有办法打动那老顽物的心。这就必须借用主公的两件珍宝了。

献公提心吊胆，你这是想从我这里挖什么好宝贝去呢？荀息装作不知，说，虞公最喜欢的是名马和美玉。主公手里不是有极品美玉“垂棘之璧”和万里挑一的名马“屈产之乘”吗？如果将这两样宝贝送给他，那这事十有八九就成了。

晋献公最担心的事真发生了，当即皱起眉说，这两件宝物是我最喜欢的，我怎么能随便送人呢？

荀息笑笑道：咱们只是暂时把美玉寄存在别人家里，把名马寄养在外面的马厩里嘛。等咱们拿下虢国后，再将虞公那老顽物一块儿装进囚车，您的宝贝不还是您的吗？

大夫里克有点担心，就说：我听说虞国有两个贤臣，叫作宫之奇和百里奚，这两个人都是人精儿，你小心偷鸡不成反蚀把米。

荀息说，以前的事实证明，那老顽物在宝贝面前，别人的话都是放屁。

晋献公只好吩咐一切照着荀息的意思办。

转天，美女、良马、美玉就送到了虞公面前。虞公又惊又喜地说，

社会风情

男女不杂坐

第一个实行“男女不杂坐”的是春秋时的鲁国，也正因为如此，鲁国举行社祭（古代的大型狂欢活动）时很冷静。鲁庄公有一次想到齐国考察，目的就是在社祭上看看齐国的女人，可有大臣劝他说，这不符合咱们鲁国的礼法。

这两件宝贝，天下罕有，想必是献公大哥的心肝宝贝，大哥怎么忍心送给小弟呢？

荀息面不改色地说，我家国君一直很仰慕您的贤才，也畏惧贵国的强大，所以不敢自己私藏珍宝，现在拿出来献给大王，那是物有所值呀。这样也有助于咱们两国建立友好的双边关系嘛。

虞公的确是个见到宝贝就忘了自己是谁的蠢货，顿时眉开眼笑，说：话虽是如此说，您一定还有什么请求吧，您尽管说。

荀息说，您知道的，虢侯那老顽物总是用言语触伤我家国君，还和犬戎勾结，总喜欢攻打咱们。我家国君就想借个道儿，教训教训他就回来。不用说，所得的财宝，有您一份。

虞公哈哈大笑，说：小事一桩，小事一桩。

这时候，其中一个人精宫之奇忍不住说：主公，这怎么使得！俗话说嘴巴破了，牙齿一定会觉得寒冷！晋国打咱们两个兄弟国家的主意很久了。如果虢国被他们灭了，下一个就是咱们虞国了！

虞公很不高兴，说：人家大哥不吝惜重宝，想和寡人交好，寡人怎么能爱惜那几步路呢？而且，晋国比虢国强十倍不止，失去一个虢国，而得到一个晋国，有什么不好的？你下去吧，不要

一句话读历史

贪官治国

北周统治者宇文泰，与苏绰的对话挺有意思。宇文泰："怎么治理国家呢？"苏绰："用贪官吧。"宇文泰大惊："为什么呢？"苏绰："给大臣权，让他们贪。贪官们为保住自己的利益，必然会对你忠诚，有这些贪官保护着你，皇帝宝座就安稳了。"宇文泰竖起大拇指："高，实在是高。"

碍我的事！

宫之奇还想死谏，另一个人精百里奚在一旁偷偷拉了拉他的衣角，止住了他。事后，宫之奇气愤地问百里奚：你不帮我说话就算了，却反过来拦我，你什么意思嘛？

百里奚说：俗话说，在蠢人前说好话，就同把宝珠丢在路上一样。桀杀关龙逢，纣杀比干，就是因为强谏。你刚才多危险啊。

宫之奇说：那你和我一起走吧。

百里奚说：你自己走就可以了，再带走一人，这不是罪上加罪吗？你赶快走吧。我还得留下来为咱们大王送终呢。

于是宫之奇饱含泪水地别了百里奚，带领全族人跑了。大臣舟之侨不信这一套，冒死进谏，虞公用事实让他相信有这样的传统：打发他去守北疆的关卡下阳关。

到这里，事情就变得非常简单了，虞公不仅愿意借道，而且还自告奋勇地要充当前锋，这非常好啊。

不久，两路联军抵达虢国边境。这时候，虢国人正在和戎狄打得不可开交，因为被戎狄人锤炼得久了，虢国人根本不把晋国人放在眼里，所以对联军也爱理不理的。晋献公也乐得占这个便宜，

社会风情

结婚年龄

在中国古代，西周以前和西周时期，男子 30 岁、女子 21 岁作为合适的结婚年龄。唐朝以后，法定婚龄降低很多。唐政府规定的结婚年龄是男 20 岁，女 15 岁。宋政府的规定是男 15 岁，女 13 岁。明朝规定的是男 16 岁，女 14 岁。大清政府规定：男 16 岁，女 14 岁。相较之下，宋朝人的合法婚姻年龄最小。

三下五除二，将虢侯装进了囚车。这哪是教训教训的事儿这么简单呀！

随后，晋军开始班师返国。当许多劫得的财宝在虞公面前一亮相，虞公心花怒放，心想，这个朋友不白交。

大军临近虞国都城的时候，大将里克派人告知虞公：非常抱歉，我这一路上水土不服，看来军队要在您这里休息几天。虞公哈哈大笑说：小事一桩，小事一桩。同意了。

转天，晋献公约虞公出城打猎，两下里一见面，里克一挥手，虞公就被好哥儿们装进了囚车。从此以后，“虞国”这个词，在春秋史上，就羞答答地下岗了。

虞国的灭亡，不仅为后人贡献了“唇齿相依”“唇亡齿寒”“假道伐虢”等几个朗朗上口的成语，还为计谋书《三十六计》增添了一个精彩的案例：第二十四计——假道伐虢。

向历史借智慧

安逸使人退步

春秋被灭掉的国君，基本上都是因为太平日子过久了，对危险失去了应有的警惕；又因为日子太安逸，所以养成了贪图享乐、好货好色的恶习，从而被敌人利用。虞公贪图眼前送上门来的宝贝，看不到周边环境的不利，悍然背叛自己唇齿相依的好朋友，国家的毁灭就是必然的了。这正是“生于忧患，死于安逸”。

百里奚的价格

百里奚值多少钱？明码标价：五张羊皮。黑市价：价值连城。

百里奚祖籍在楚国，他年轻的时候，饱读诗书，才识过人，可是因为家境贫困，朝里又没亲戚，所以一直在家里闲着。

百里奚的妻子杜氏知道丈夫的价值，就鼓励他出去赚钱。百里奚心想，是啊，家里已经揭不开锅了，那就出去闯闯吧。

他先到宋国，后来又到齐国，但是运气不佳，经常一日三餐不继，一度以乞讨为生。后来，在齐国的郅地，他遇见了蹇叔，两人一番高谈阔论，觉得相见恨晚，就结为知己。

在蹇叔的举荐下，百里奚到虞国当了个大夫。但虞国国君是个庸才，不久就为一匹马、一块疯狂的石头（参考故事“假道灭虢”）输光了全部的家当，百里奚也成了晋国人的俘虏。

百里奚非常不忿晋献公的跋扈，不愿意吃晋献公的饭，于是申请做了奴隶。

不久，晋献公的女儿穆姬要嫁给秦穆公，百里奚作为陪嫁，

野史秘闻

百里奚认妻

《百里奚认妻》是一部有名的戏剧作品，讲的是百里奚在秦国当了大夫，妻子杜氏却不知道流落到了何方。有一天，百里奚在家里设宴，并有歌舞表演，其中府里有个洗衣服的女用人，也跑到宴会上来，说要唱首歌给主人听，她唱的是“今日富贵忘我为”之类，还不停地唱百里奚的名字。百里奚觉得很奇怪，仔细一看，正是妻子杜氏，于是上前相认。一起相认的，还有杜氏带来的儿子孟明视，后来为将。

准备送到秦国去。在去秦国的途中，百里奚一看，机不可失，时不再来呀，于是溜之大吉，逃回楚国的老家，向夫人请罪去了。

楚成王听说百里奚善于养牛，就请他为自己养牛。百里奚一想，这是个闲差，那就凑合着干吧，老待着，孩子的学费哪儿找去呀，就爽快地答应了。

老实说，这匹千里马等待伯乐的梦想还没有破灭，不久机会就来了。

秦穆公即位后，太想干一番大事业了，于是到处收罗人才。他不知道从哪里打听到楚国的百里奚是个人才，但是，目前的职业是楚成王的御用牛倌，就想花大价钱把百里奚买过来。

大臣公子縶一听，说：不妥，这事得暗箱操作。您想啊，成王一定是不知道百里奚的潜在价值，才让这么个宝贝疙瘩去养牛的。您现在这么明目张胆地出大价钱买他，那不就等于告诉成王，他的牛倌是个稀世珍宝吗？

秦穆公一听，嗯，有道理，就问：那依你的意思，我该怎么办哪？

公子縶说：这太简单了，随行就市呗。您也知道，楚国的一

一句话读历史

文彦博：与士大夫治天下

宋神宗认为，王安石的改革措施，虽然损害了士大夫（官员）的利益，但对老百姓是大有好处的。大臣文彦博反驳说："为与士大夫治天下，非与百姓治天下也！"——皇上您是和士大夫共天下，而不是和老百姓共天下。皇帝是官员们的，也是老百姓的，但归根到底，皇帝更是官员们的皇帝。

个牛倌，也就比一个下人强一点，按目前的市价，也就值四张羊皮吧。咱们给成王五张羊皮，他还不乐得嘴巴都合不拢了呀？肯定还包送，咱们连运费都省下了。

秦穆公将信将疑，说，五张羊皮是不怎么贵。但咱们大张旗鼓地拿五张羊皮去为一个下人费工夫，成王能不怀疑吗？

公子絷说：这太简单了，这百里奚不是您夫人的嫁妆吗？现在他长腿跑了，主人打发人将他找回来，总是天经地义的吧。这样做，也符合惯例呀。秦穆公眉开眼笑，同意这么办。

转天，百里奚就被押回秦国，受到秦穆公的亲切接见。百里奚非常礼貌，说：主人，我知错了，下次就算我长三条腿，也不敢跑了，我下半辈子一定给您和夫人好好放牛。

秦穆公哈哈大笑说，成王缺个放牛的，我可不缺。我就缺个安邦定国的人。

百里奚扭捏地说，这个我也没学过呀。

秦穆公哈哈大笑说，爱卿，你的老底我都摸得一清二楚了，我可是不见兔子不撒鹰的，你就认了吧。

到这里，百里奚知道秦穆公是真心要用他的了，心想，再装

名臣风骨

史官不饶崔杼

齐庄公跟大臣崔杼的老婆通奸，崔杼冲冠一怒杀掉齐庄公，掌管了齐国军政大权。他对史官太史伯说：“你准备如何写这件事？”太史伯回答：“夏五月，崔杼弑君。”崔杼问：“能改吗？”回答：“不能。”于是杀太史伯！第二位史官照记。崔杼问：“能改吗？”回答：“不能。”再杀史官！第三位史官照记，崔杼问：“能改吗？”回答：“不能。”崔杼彻底没有了脾气，只能任由史官把这事记下来。

就过了，于是放开胆子和秦穆公大谈特谈安邦定国的方略。两人一谈就是三天三夜，那是非常投机呀。

秦穆公大喜，要拜他为上大夫，准备把秦国的军政大权都交给他。百里奚坚决不受，推荐了自己的好朋友蹇叔来当这个上大夫。

于是，秦穆公用重礼将蹇叔请到秦国来执政，让他和百里奚一道为秦国献计献策。

因为百里奚是秦穆公用五张黑公羊皮换回来的奴隶，所以后世人称百里奚为“五羖大夫”。羖，就是黑公羊皮的意思。

向历史借智慧

对自己永远抱有希望

五张羊皮卖掉了一个治国人才，这生意，楚成王是吃大亏了。但，好东西自己用不上，与其浪费，还不如换点有用的东西，也算是利人利己。百里奚虽然被贱卖了，但金子总是金子，千里马遇上伯乐，就能大显神通。一个人一生中可能会有很长的一段时间，只能做着“楚成王的放牛倌”的工作，有着只值五张羊皮的身价，但仍然要对自己抱着希望，等，或者主动去找一个叫秦穆公的贵人到来。

龙门山之战

晋国经过骊姬之乱以后，国家一下子失去了舵手，这可把一群划桨的人急坏了。眼前，五个公子死了三个，就剩二公子重耳和三公子夷吾还健在。晋国的大夫们和秦穆公看好二公子重耳，认为他聪明贤能，又是长兄，所以有意拥立他。

老实说，这些年的血雨腥风可把重耳吓坏了，他就想啊，一个不敢杀人也不敢放火的人去玩政治，这不是太危险了吗，得不偿失，于是还在犹豫中……

这时候，老三夷吾坐不住了，他非常踊跃，愿意回晋国为大家谋福利。老实说，大家不太看好他，认为他为人褊狭，度量不够。

但人家夷吾也有他的长处，第一，热情；第二，胆大；第三，亲姐姐是秦穆公的夫人；第四，对晋国的重臣里克等人更是热情；第五，也是最重要的一条：愿意拿河西五城报答姐夫秦穆公。

姐夫一动心，这事就成了一半。大家一合计，凑合立一个得了。从此晋国又有了新舵手，他就是三公子夷吾，史称晋惠公。

庙堂真相

狠到没朋友

大臣里克连杀两个国君，从而扶持夷吾即位，是为晋惠公。第二年，即前650年，晋惠公对里克说，要不是你，我当不上这国君，我要感谢你；但你连杀了两个国君，做你的国君也太恐怖了，所以我要你死。于是，里克自杀。一个人做事太狠了，不择手段，就算业务能力再突出，国君也不敢要，谁知道哪天你会不会不择手段地对付国君呢！

不久，大家就后悔了。晋惠公先是找了一个由头把里克等人杀了，接下来，答应给姐夫的河西五城也不给了。

这可把姐夫秦穆公给气坏了，就要找他算账，幸好姐姐穆姬及时给丈夫揉着肩说：算了，都是自家人，你至于吗？这事才告一段落。

这事到这里如果就结束了，也挺好的，但是老天爷常常爱跟大家开玩笑，好像是借以考察大家的应变能力似的。

转年，晋国发生大旱，晋惠公没辙了，于是腆着脸向姐夫求援。姐夫秦穆公余恨未消，说：要不是看在晋国老百姓份儿上，我才不给你粮食，我怕饿不死你小子！不过骂归骂，粮食还是给了。

第二年，老天爷接着开了大家的玩笑：秦国大旱，晋国丰收。秦穆公没辙了，于是非常不好意思地和小舅子商量：要不，您也帮帮我？

大臣们有劝给的，有坚决反对的。小舅子晋惠公立即虎起脸说：五个城都没给，粮食就更不能给了。

秦穆公赔笑着说：至少，您把去年的还给我，总可以吧。

小舅子晋惠公说：少废话，不给还需要理由吗？有本事，你

典故制度

夸父追日

《山海经》中有个故事，传说古代有个叫“夸父”的人，拼命追着太阳跑，在路上渴得厉害，一张口，把黄河的水喝光了，又一张口，把渭河的水也喝光了。但夸父还是渴，又赶往北方的大湖，但没等赶到，就渴死在了路上。有人认为夸父很勇敢无畏，也有人认为夸父追日，是不自量力，认识不到自己的局限。所以说“事不量力，不殊夸父追日”。

派大部队过来拿！

秦穆公大怒，同意了小舅子的提议，决定派兵去取。

听说姐夫要来，小舅子摩拳擦掌，准备迎战。

晋国大臣庆郑一看，哪有这么不讲理的人啊，就劝主公回心转意，结果被晋惠公骂了个狗血喷头。庆郑一看，得了，算我不识趣，就不再劝了。

临出征时，庆郑的心又提起来了，这回问题出在晋惠公拉车的马上。这种马，是郑国进贡来的小型骏马。庆郑认为，这种马驾车拉着人旅游可以，可用来打仗会要人命的，就劝主公改用本国战马，结果又被惠公骂了个狗血喷头。

不久，秦军的先头部队抵达晋国，与晋国守军狭路相逢。秦军士气正盛，晋国守军一战而败，就等着主力部队来给自己报仇。

晋惠公果然不负众望，率主力及时赶到。秦穆公也不示弱，两军摩拳擦掌，在龙门山一带摆开阵势。

说话间，大战开打。晋国大将屠岸夷大战秦国猛将白乙丙，两下里不分胜负。晋军兵分两路接应屠岸夷，秦军也分两路迎战。

这边，晋惠公遭遇到秦国的猛将公孙枝，公孙枝战到兴起，

一句话读历史

宇文化及：哪能连一天皇帝也没做过呢

宇文化及是隋炀帝杨广最为倚重的大臣之一，杨广身边部队“骁果”军的指挥官。隋末大乱，宇文化及趁机捣乱，杀了皇帝，立杨广的侄子杨浩为帝，将实权掌握在自己手里。但在隋末各路造反军中，宇文化及的实力最弱，很快被打得不行，四面楚歌之际，宇文化及突然想到了要称帝，声称：“生固有一死，岂可一日不帝乎！”——人都有一死，哪能连一天皇帝也没做过呢！于是废杨浩，自立为帝，随即很快被灭。

一声大吼，吓得惠公的观赏马小腿儿乱颤，慌不择路，转眼间，将主人的车驾拖到沟里，动弹不得。恰好庆郑路过，惠公向他大抛媚眼，说，快来救我。

庆郑眯着眼说，您别着急上火，我这就给您找您的侍卫官去。不顾主公再次将自己骂了个狗血喷头，他马头一转，自己先溜了。

小舅子运气不好，姐夫的运气也好不到哪里去。这里，晋军的两支部队冲入秦军中，打伤了秦将西乞术，直奔秦穆公，将他团团地困在垓心，准备做一个馅儿饼。

就在这危急时刻，一队不明来历的勇士杀奔而来，接住晋军，双方战成一团。这时候，就听庆郑大声呼唤晋军，要他们前去救驾，晋军一看，不得了了，主公有难，救人要紧。

秦军与勇士们乘机追杀，一口气赶到晋惠公的车驾前，姐夫一挥手，小舅子就做了俘虏。接着统计战报：晋军伤亡十之六七，残队落荒而逃。

秦穆公缓了一口气，接着就问勇士们的来历。勇士们说：吾们，爱吃马肉的野人也！秦穆公乐不可支，想起了往事。

原来，当年秦穆公到梁山打猎，发现几匹良马被山中的土著

典故制度

请多海涵，谢君河润

海涵，形容人像大海一样，海纳百川，气量大，能包容。所以请人多多包容，我们就说还望“海涵”。河润，指像黄河之水润泽农田一样，施恩惠于人，对这样的行为，我们要表示感谢。湖、海有时也用来形容人，比如无牵无挂没有羁绊的人，称“江湖散人”；豪气、有侠士之风的人，可称“湖海之士”。这就是“望人包容曰海涵，谢人恩泽曰河润；无系累者曰江湖散人，负豪气者曰湖海之士”。

偷去吃掉了。秦穆公说，不碍事，再送坛酒给他们去去肚里的腥臊。这些土著感动得那叫一个热泪盈眶，这不，这回就来报恩啦。

打扫战场时，秦军又在一个枯井里找到迷糊的白乙丙和屠岸夷。秦穆公听说屠岸夷这小子有勇无义，就让人一刀把他咔嚓了。

后续的情节是，姐夫有意杀小舅子，但被大臣和夫人劝住了，只好放小舅子回去，但是，有条件：第一，把河西五城还给我；第二，把您家的宝贝儿子放在我们这里，我们帮助您培养培养。

有了这后一条，前一条也成立了。看来，这回姐夫是学乖了。春秋时，许多国家之间的事，常常也是家事，明白这一点，就好办了。这是龙门山之战给人的启示。

向历史借智慧

多个朋友多条路

古人说，春秋无义战。整部春秋史，就是一场生存竞争，最后活下来的就是胜利者。但获得胜利的因素很多，比如领导人的英明，能起用人才，正确的国家战略……一个国家的历史就好比一个人的历史，个人的勤奋努力、正确的理想和每一步的选择，以及遇到可以在关键时候帮你一把的贵人，等等，这些都是重要的因素。龙门山之战，秦国之所以能取得胜利，就有一支外援部队来帮忙的功劳。多个朋友多条路，老话说得一点没错。

五鹿之辱

晋惠公在龙门山战败后，始终担心哥哥重耳突然有一天出现在面前，伸手要他的王位。于是，派侍卫勃偷偷地潜入翟国，找机会将重耳一帮子人解决掉。不料，这事被老国舅狐突暗暗地探听到了，他连夜写了个纸条，用蜡丸封了，找个机灵鬼给重耳送信去了。

重耳收到老国舅狐突的鸡毛信时，正在渭水边上和翟国国君打猎。得知自己成了猎物之后，自然不免大吃一惊，他一时没了主意。

一帮子老臣急忙说，哎呀，别磨蹭了，赶快逃命吧。重耳万分委屈地说，我的妻子儿女都在这里，这里就是我的家，您几位让我逃到哪里去呢？

赵衰骂道：真是废物典型！大丈夫在世当立功名，何患无妻？此时不走，更待何时？

总而言之，重耳实在不忍心让大家失望，于是慌忙辞别翟国

社会风情

寒食节故事

介子推道德高尚，为人忠厚，在重耳流浪途中，他是随员之一。后来晋文公即位，介子推又辞官不做，和母亲隐居山里。晋文公亲自去找他，介子推躲在山里不出来，晋文公想了个狠招，放火烧山，谁知道大火烧了三天，也没见到个人影。后来才发现，介子推和母亲一起，抱树而死。后人为了纪念介子推，定这一天为寒食节，不准生火，只吃冷食。

国君，和一帮子老臣回到住处，收拾细软，准备逃命。

这里还没收拾告别完呢，重耳又收到了最新的情报，杀手已经来了！

重耳一听，又大吃一惊，也不顾什么山盟海誓了，披头散发，与狐毛、狐偃拔腿就跑。壶叔见重耳已经出城，匆忙中只找到一辆牛车，赶上去，大家总算有了代步的工具。

就这样玩命地赶了半天路，大家才想起一个事，细软车子还在后头呢。重耳派人回去一打听，这人带回来一个不啻晴天霹雳的消息：小厮头须，趁乱卷着大家的救命钱逃跑了！

这时候，离翟国已经很远了，向老国君求救的门都没了，一帮人这个气馁哟，想自杀的心都有。实在没辙了，大家一致同意：听天由命吧！要饭也要到齐国去！老天爷如果有眼，是不会饿死他们的。

不久，一行人“裸奔”到了卫国边境。大家满以为，凭晋公子重耳的大名，卫国国君多少会有点赏赐的。没想到，卫国国君是个势利眼，下令守城的吏卒对这批逃难的人宣布：你们是不受欢迎的人，不让进城。一行人只好忍饥挨饿，绕城落荒而走。

一句话读历史

安重荣：兵强马壮者为之

安重荣先是后唐大将，后投靠后晋石敬瑭。但石敬瑭认契丹皇帝为父，自己是儿皇帝，安重荣很不满，与石敬瑭渐渐离心离德。也许是看多了唐末五代以来军阀们你方唱罢我登场的故事，安重荣也想自己做皇帝，他说：“天子宁有种耶？兵强马壮者为之耳！”——皇帝这玩意，跟天意无关，只要兵强马壮，就能当皇帝。只是可惜，安重荣实力不够，最终也没过上当皇帝的瘾。

这一天，大家都没有找到早饭的下落，只得忍饥而行。中午过后，大家伙儿来到一个叫五鹿的地方，看见一伙农民正在地头吃饭，重耳便让狐偃去向农民要点饭充饥。

一个农民没好气地说：您是知识分子阶层，怎么一点儿常识都不懂呢？您说说看，卫国现在像我这样还吃得上午饭的人还有几个？我也就只够自己的，再多一口都没了。您走吧，我还得赶紧干活，回头养活我的老婆孩子呢。

狐偃赔笑着说，是是，您说得对。那么，借您的瓦盆使一使，我们做口野菜汤，如何？

农民捡起一块泥巴递给狐偃，没好气地说：泥土有的是，瓦盆没有！

随行的魏犨终于忍耐不住，大声骂农民乡巴佬，一边说，一边还夺过他的瓦盆，摔得粉碎。重耳也大怒，攒足力气，要用鞭子抽打这个农民。

狐偃连忙拦住他说，哎哎，消消气儿。做大事的人，何必和他一般见识啊？他这块泥巴使我想起个事，要知道，土地是国家的根本，得到一顿饭容易，得到土地却非常非常难啊！现在农民

典故制度

贪天之功

“贪天之功”的典故来自介子推。晋国公子重耳流亡19年后重新回国执政，成为晋文公。跟随重耳流亡的人争抢功劳，介子推看不起这种行为，他说“窃人之财，犹谓之盗，况贪天之功，以为己力乎”：重耳当国君是天意，这些人却都以为是自己的功劳，偷人财物，都称之为盗贼，更何况把上天的功劳说成是自己功劳的人呢！所以介子推不去求赏，称病回家隐居，侍奉老母，靠编草鞋为生。

向你献泥土，这是你不久就要得到国家的预兆啊！快还个礼去！

重耳一听，是吗？眼下饥肠辘辘的，还给上这种治国课？但是，在狐偃的鼓励下，他还是下车拜谢了老农。

拜谢归拜谢，中午饭还得解决呀。大家又走了十多里路，随行的人都饿得走不动了，只好在一棵大树下休息。重耳又饥又困，枕着狐毛的大腿，躺在那里，开始回忆几天前妻子做的炸酱面。

这会儿，众人四处找来些野菜，用个破头盔煮熟了，重耳尝了一尝，苦得难以下咽，差点儿连胃都吐出来了。

正在这时，介子推却捧着一小钵肉汤来给重耳喝。重耳一尝，香美异常，于是就问，爱卿啊，这荒郊野岭的，兔子、野鸡也没个影儿，你在哪里打的野食啊？

介子推龇牙咧嘴，一副苦痛的表情，说：实不相瞒，这是我的大腿肉。这段时间，我也瘦了，肉不多，洗得也不大干净，您不要见怪。

重耳当时就大哭起来，发誓以后要好好对待大家，不再顽皮，打不还手，骂不还口。随后，大家都胡乱地充了饥，又上路了。

后来，大家齐心协力，果然熬到了齐国。齐桓公盛情招待了

典故制度

沧海桑田，河清海晏

沧海是大海，桑田是种植桑树或农作物的田地，沧海变为桑田，可见其变化之大。所以人们用沧海桑田来形容翻天覆地的变化，即“沧海桑田，谓世事之多变”。河清海晏，“河”是指黄河，黄河的水都变清澈了，大海也风平浪静了，可见天下之太平、人民生活之安宁，所以说“河清海晏，兆天下之升平”。

重耳一行人。再后来，重耳在秦穆公的帮助下，做了晋国的国君，是为晋文公。

后来晋文公能够成就霸业，无疑与他这十九年的颠沛流离的经历分不开。做大事的人，都需要磨炼。记住这句话，有用。

向历史借智慧

感谢折磨你的人

生活是现实的，谁也不愿为了一个落魄的流浪汉而去得罪一个强大的国家；在见到未来希望的曙光之前，同伴们会陆续离开你，甚至卷走你备来救命的物资；在走投无路的时候，你见到的随便一个小人物，听到的随便一句风言风语，都可能刺激你已经衰弱而敏感的神经，仿佛全世界都在抛弃你；你还会不断地经受希望与失望的反复折磨……但是，感谢折磨你的人，他们只会使你更坚强。有志者，事竟成。

重耳走国

身为二公子的重耳，不小心就成了骊姬的眼中钉、肉中刺、绊脚石，也不知是他的错，还是命运的错。

于是，“太子谋杀国君疑案”事发后，重耳顺理成章地踏上了逃亡之路。敢问路在何方啊？这个问题，跟在重耳身后的一帮子老臣心里自有打算。

因为，他们死心塌地地认定，自己的公子是块当国君的材料，他们迟早是要打回老家去的。

他们先是逃到翟国，因为翟国是重耳母亲的娘家，翟国国君对他们非常哥儿们，还给重耳介绍了个小美人，让重耳成了家，生了孩子，温柔乡中一待就是十二年，差点儿成翟国人了。

可是，重耳的弟弟晋惠公即位后，对他不放心了，就派出杀手要取他的性命。翟国是待不下去了，于是大家合计投奔齐桓公。因为当时齐桓公是霸主嘛，他的威望高，门路广，不出意外，应该能够为二公子主持公道。

没料到，一帮子人出发时，盘缠被人骗了，这一趟几乎等于

成语典故

秦晋之好

结婚之事常被称为“秦晋之好”，秦和晋，就是指这一时期的秦国和晋国。晋文公重耳的姐姐嫁给秦穆公，因为这层亲戚关系，秦穆公对小舅子重耳和夷吾兄弟俩很是关照，穆公的女儿怀嬴先嫁夷吾的儿子公子圉，再嫁重耳，肥水不流外人田。“秦晋之好”本指秦晋间的政治联姻，后来也用于两家间的男女婚姻关系。

裸奔。

路过卫国时，大家满以为，凭晋公子重耳的大名，卫国国君多少会有点赏赐的。没想到，卫国国君十分不喜欢落魄的人，不让进城。一行人只好忍饥挨饿，绕城落荒而逃。

好不容易挨到了五鹿这个地方，又受了一个农民的好一顿羞辱，可以想象，当时，又乏、又饿、又怒的二公子想死的心都有。幸亏随行的介子推一狠心，割下自己的大腿肉熬点汤给他喝，二公子重耳才重新燃起了活下去的勇气。

一帮人终于到了齐国。小白非常客气，说，先住下吧。至于打回老家的事，我看还是以和谐为主嘛。其实，他的心里在想啊，重耳这小子气度不凡哪，难怪这帮老不死的死心塌地跟着他，我怕他当了晋国国君，会和我对着干呢，先稳住再说。

于是，小白笑眯眯地张罗给他娶了个妻子，还给了他八十匹骏马。重耳大喜过望，终于又享受到资产阶级的福利了，他准备移民的心都有了。

老臣们一看，小白这小子不地道，一商量，牙一咬，决心继续寻找那个梦中的情人。重耳是乐不思蜀啊，不肯走。于是老臣

一句话读历史

李存勖：得则为王，失则为寇

李存勖是五代后唐政权的建立者，即“生子当如李亚子”的“李亚子”。后唐和后梁是多年的死对头，923 年，李存勖亲率军队进后梁，即将取得决定性的胜利。正在这时，契丹人南下进攻后唐的后方，形势严峻，部下建议不如先跟后梁讲和，李存勖不同意，他说：“大丈夫得则为王，失则为寇。”——大丈夫胜了便是王，败了就是贼，何必畏首畏尾。于是抓紧进攻，终于灭了后梁。

们将他灌醉，不由分说装上车子，拜拜了您哪。

下一站是曹国，曹共公听说重耳的肋骨长得连在一起，是大富大贵之相，就想看个究竟。重耳洗澡时，曹共公走近一看，和平常人没啥两样嘛，于是脸就拉下来了，爱理不理了。老臣们一看，这也不是可以托付的人啦，于是一声吆喝，又上路了。

到了宋国，宋襄公送给了重耳二十辆马车，慈眉善目地说：非常不好意思，我们国家小，不能多帮您，要不，您再到别处去看看？

于是，一帮人又浩浩荡荡开到了郑国，好家伙，连人带铺盖卷儿，二十辆马车。

郑文公打了个大大的哈欠，怎么也没看出重耳的好来，脸拉得老长，也是一副爱理不理的样子。老臣们都是识趣的人，好嘞，走了，也不给人家添麻烦。

就这样，一彪人马又浩浩荡荡开到了楚国。

豪迈是楚国的传统啊。刚一见面，楚成王就设宴款待重耳一行，开门见山地把利益关系挑明了：请问，如果公子返回晋国，将拿什么来报答我啊？

典故制度

下杀上谓之弑，上伐下谓之征。

古代对用词特别讲究，同样是杀人，杀、诛、弑、戮，意义有很大区别。身在下位的人，杀了等级比自己高的人，则用弑，这里的下杀上，特指臣杀君、子杀父母。在上位的，向等级比自己低的发动攻击、战争，则称征，比如周天子攻打诸侯，是“征”；诸侯国之间的战争，不能用“征”。

重耳说，托您的福，如果我能返回晋国，一旦晋国和楚国交战，双方军队在中原碰上了，我就让我的军队退避九十里地。如果这样您还不解气，我就只好陪您活动活动筋骨了。

成王想，这小子，好大口气，难怪这帮老家伙愿意跟着他。宴席散后，大夫子玉请求成王杀掉重耳。楚成王说，这小子迟早会出头的，我不帮他就得了，何必撕破脸面！做个人情得了，把他送给他大姐夫秦穆公吧，成或不成，看他自己的造化。于是就派人把重耳送到了秦国。

秦穆公一看重耳这风度，这气派，心说，一百个夷吾也没法和他比，决心为晋国的老百姓谋点福利，于是将他作为重点培养对象。正巧，没过多久，重耳的弟弟晋惠公夷吾去世了，夷吾的儿子公子圉正在秦国做人质，一看机会来了，招呼也不打一声，就急急地跑回晋国即了位，这可惹恼了秦穆公，回头就给重耳张罗姬妾。秦穆公自己的女儿怀嬴，本来已经嫁了公子圉，既然公子圉这小子这么不给面子，就改嫁重耳吧。这回小舅子又成了亲女婿，亲上加亲。

转天，秦穆公就派公孙枝率领三千秦军，大摇大摆地护送重

一句话读历史

宋祁：寒窗苦读到底为了啥

北宋有一对兄弟，宋郊和宋祁，并称“二宋”，居然都做到宰相。做了大官后，两人生活作风截然不同。哥哥宋郊依旧艰苦朴素，唯一的娱乐就是读书；弟弟宋祁生活奢侈，整天呼朋唤友吃喝娱乐。宋郊问弟弟：还记得当年我们读书到夜半，肚子饿了只有冷粥可吃的情形吗？宋祁回答：“不知某年吃齑饭，是为甚底？”——当年吃冷粥为的啥，为的正是成功以后可以享乐呀！

耳渡过黄河，杀死公子圉。到此为止，重耳阔别祖国十九年后，衣锦还乡，兵不血刃，登上了国君宝座。

重耳四十三岁逃往翟国，五十五岁到齐国，六十一岁到秦国，等到回国为君时，年纪已六十二岁了。有磨难，有收获，这就是重耳的流亡传奇给咱们献上的心灵鸡汤。

向历史借智慧

别让吃过的苦头白吃了

苦难会使人向两个方向转变，一种是让人消极、倾向于及时行乐；一种是催人奋发，化苦难为力量。大名鼎鼎的霸主晋文公重耳，在这一点上表现得并不出色，反而人性的弱点毕露，好在他有一个忠实的创业智囊团，一发现消极的苗头就立即扑灭它；对小福小惠保持着高度的警惕心，屡次设计逼他继续起程，最终成就一番大事业。别让从前吃过的苦头白吃，正如一个作家说的：要让自己的生命对得起所经历过的苦难！

晋文公守信得原城

晋文公重耳登基后，板凳还没有坐热，周天子那边就出事了，天子的弟弟太叔带悍然和王后混在一起，周天子一愤怒，太叔带就叛乱了。

承蒙秦穆公抬举，重耳得以领衔，很快就摆平了周天子的家务事。天子一高兴，立马将京畿辖区内的阳樊、攒茅、温地、原城，赏给了重耳。

重耳的那个高兴劲儿就甭提了。转天，他让魏犨去接收阳樊，颠颉去接收攒茅，栾枝去接收温地，自己则带着赵衰去接收原城。

为什么他要亲自出这一趟差呢？原来，这原城本是周大夫伯贯的封邑，就在这次天子兄弟的桃色事件中，伯贯带兵和太叔带对阵，三番五次不是太叔带的对手，周天子一气之下，决定让他下台。这个原城就是周天子现蒸热卖，从伯贯手里夺过来，赏给重耳的。

不难想象，眼下，伯贯正在原城他的大宅子里悲哀着呢。怎

社会风情

三姑六婆

常听人说“三姑六婆”。“三姑六婆”到底是指什么人呢？古代“三姑”指的是尼姑、道姑、卦姑；“六婆”指的是牙婆（专做人口买卖的女性）、媒婆、师婆（装神弄鬼的巫婆）、药婆（靠出卖秘方为生的妇女）、稳婆（接生婆）、虔婆（妓院里的鸨母）。“三姑六婆”在古代是一种歧视性的说法，指从事上述这些民间贱业的女性。到了现代，“三姑六婆”用来泛指社会上各种市井女性。

么着，人家伯贯都是周天子的嫡派亲戚，他能束手就擒吗？

重耳的姿态很明确，原城我可以不要，但周天子的命令不能不遵守，所以这趟差必须出，哪怕大打一场，也在所不惜。

重耳一彪人马没出发呢，间谍就捎回来新的情报：伯贯这老家伙的态度果然非常强硬，就不给城。眼看一场大战在所难免。他还哄骗城里的百姓说，阳樊已经被晋军拿下来了，他们杀光了城中所有的人，你们看这事怎么办吧。

原城的百姓能怎么办啊，很害怕呗，一致愿意追随旧主人血战到底。

这显然太不符合晋文公和赵衰想象的“箪食壶浆，以迎王师”的场面了。赵衰于是对晋文公说：主公啊，我看这事不好硬来呀。您看看，原城里的百姓之所以不投降咱们，那是因为不了解您的为人。您要是第一时间让他们知道，您是个品德高尚的人，这城哪还用打呀，不攻自破了。

晋文公说，依你说，怎么才能让他们知道咱们的品德非常高尚呢？

赵衰说，这非常简单啊，您就下个命令，让士兵们带三天的

一句话读历史

元景皓：宁可玉碎，不为瓦全

南北朝时期，东魏的皇帝虽然姓“元”，但实际权力都掌握在权臣高欢手上。高欢死后，儿子高洋上台，迫不及待地把傀儡皇帝换下来，自立为帝，建立北齐政权，并且大肆屠杀姓“元”的人。有人建议举族改姓“高”，元景皓不同意，他说：“怎么能用抛弃本宗、投靠他姓的办法来保命呢？大丈夫宁可做玉器被打碎，也不愿做陶器得以保全！我宁死也不改姓。”这就是“宁为玉碎，不为瓦全”的出处。

口粮出征，如果三天攻不下原城，咱们就退军，原城还是他伯贯的封地，您看这个办法怎么样？

晋文公毫不犹豫地答应了。于是，晋国士兵带了三天的粮食就出发了。

小半天工夫，部队就到了原城下，接着开始漫不经心地攻城。很快，三天就过去了，晋文公就张罗着撤退。

到了半夜，有几个原城的百姓顺着城墙溜下来，见到晋文公说，城中的百姓已经知道阳樊没有遭到屠城，他们决定弃暗投明了，约好明天上午献城，请不要抛弃他们。

文公笑眯眯地说，我已经说了，攻城以三日为期，现在三日没有攻下，我明天一早就退兵。你们好好守城吧，不必想其他的事。

许多部下坐不住了，一齐说，既然原城的百姓已经约好明天献城，主公何不多留一天，拿下原城再回去？粮食没了，阳樊离得也不太远，可以去取些来嘛。

文公语重心长地说，你们浅见啦。信义是国家的宝贝，也是百姓的依靠，知道不？我的命令谁不知道？如果多留一天，就是失信啊！得了原城而失去信义，百姓将来怎么看我呢？

典故制度

杞人忧天

这是《列子》一书里的故事，说杞国有个人，整天担心天要是塌下来怎么办，躲都没地儿躲，于是越想越害怕，愁得觉也不睡，饭也不吃。所以“杞人忧天”这个词就用来形容不必要的或无根据的忧虑。“心多过虑，何异杞人忧天”，一个人要是心中忧虑太多，那就跟担心天塌下来的杞人没什么分别。

于是，天一亮，文公就下令撤军。原城的百姓可傻眼了，心里说，这家伙打仗跟搞学习似的，一板一眼的，真没见过，跟着他应该有奔头。于是，呼啦一下，大家纷纷溜下城去追他。伯贯一看，大事不好，止也止不住，只得开了城门，谁爱投降谁去。

晋军行了三十多里地，原城的百姓就追了上来，都哭着闹着要跟着主公过好日子。晋文公一一笑眯眯地安慰，说：不急不急，一个一个来。

这里，大家还没有将激动的泪水擦干，伯贯的降书也到了。文公大喜，接了降书，下令驻扎下人马，自己乘一辆单车进了原城，见了伯贯，文公还是待以卿士之礼。最后，文公又把伯贯的养老计划告诉他：别上火，河北那地方虽然荒凉，但空气好，去安度晚年吧。

随后，文公任命赵衰为原城大夫，兼管着阳樊；溱为温地大夫，兼管着攒茅；各留下两千兵士把守着这些地方。在王城附近有了自己的地盘，晋文公的霸业也就拉开了序幕。

向历史借智慧

狡猾是这样炼成的

晋文公收回原城，表面上看似乎是以德服人，其实底子里，是玩了一个小花招，这一招，叫欲擒故纵也行，叫釜底抽薪也行。欲擒故纵，就是先逗你玩儿；釜底抽薪，就是先把你的民众和民心吸走，只留你一个光杆司令，谁也领导不了。可以设想，晋军真的撤走了，而如果并没有老百姓的跟从，也没有伯贯的降书，晋文公真就不要这座城池了吗？还是会要的，而且下次再来，也许就会换一种狠点的手段了。

烛之武退秦师

公元前640年，晋国兵马已休整了一年多，晋文公闲得手痒痒，开始盘点旧账，忽然想起，郑文公这小子非常可气，前不久刚刚和晋国结盟，背地里又蔫不唧唧和楚国套近乎。嗯，得教训教训这小子。

大臣们听说之后，就劝晋文公说，这几年，兄弟们南征北战，都挺累的，这刚消停下来，您大人有大量，就不要和他计较了，我们还是歇着吧。

晋文公撇撇嘴说，你们浅见啦！也不为寡人想想，在寡人有生之年，但凡想去西边捞点油水，郑国是必经之地，大伙儿说，这个门槛不迈过去行吗？

大臣们一听，有理，就不再反对了。晋文公就派人去联络人姐夫秦穆公，准备将郑国一举拿下。

大臣们又不乐意了，不想和秦国分吃一个馅儿饼。晋文公又撇撇嘴说，你们浅见啦！于是又摆事实，讲道理，第一第二第三，

名臣风骨

烛之武退秦师

烛之武一生不得重用，一直做一个养马的官，好在他身体壮寿命长，好像传说中的姜子牙一样，活到七十多岁了才终于等来个机会，几句话把秦兵退了，拯救了郑国，从而扬名立万了一把。可见：虽然出名要趁早，但既然没法早，那就要身体好，晚出名总比没得出强！

一席话，说得大伙儿那真是心悦诚服，于是屁颠屁颠地分头准备去了。

不久，秦晋两路联军会合了，转手拿下郑国的郊关，直逼郑国都城曲洧。联军在曲洧修筑了长长的围墙，巡逻的兵士一刻也不打盹，郑国老百姓想打柴、采野果子都不许通过，看样子，两位大哥准备把郑文公活活憋死。

不用说，这种状况让郑文公焦头烂额。

郑国的大臣佚之狐看出了其中的猫腻，就去对郑文公说：大王啊，您别太上火，我看这个事会有转机。您知道的，我一向不善言辞，属于茶壶里煮饺子，有货倒不出的那种。我给您推荐一个人，如果您能派他去见秦穆公，他一定能说服他们撤军。

郑文公吓了一跳，心想，这种时候，咱们国家居然会有这种能人？寡人怎么没发现？他就有点将信将疑。最后又一想，得了，死马当着活马医吧，于是，亲切地接见了佚之狐推荐的“能人”——烛之武。

烛之武睡眼蒙眬地说：大王，这个事大呀，我怎么能够胜任呢？甭说咱现在这把老骨头了，就是年轻的时候，咱也没这能耐呀。

典故制度

竭泽而渔

城濮之战时，晋文公问谋士们怎么才能战胜强大的楚军，狐偃献计用欺骗的办法，雍季反对，他说：“竭泽而渔，岂不获得？而来年无鱼。焚薮而田，岂不获得？而来年无兽。”——放干池水来捉鱼，岂能捉不到鱼？只是这样一来，第二年就会无鱼可捉。用焚烧森林的方式来打猎，岂能猎不到野兽？只是第二年就会无兽可猎。晋文公认为雍季的话有道理，虽然用狐偃的计策打败了楚军，但在论功行赏时却重赏了雍季。

郑文公一听，心想，这话里有话啊，有点儿讹诈的意思。于是，他非常慈祥地说：这事都怪寡人，没有及早发现您的才能。在这里，寡人替郑国所有善良的老百姓求求您了，您一定得帮帮大家伙这个忙。

烛之武郑重地想了想，就答应了。

当天晚上，军士们用绳子和箩筐将烛之武从城上放下去，就跟深井里打水似的。烛之武偷偷摸摸来到秦穆公的营盘，结果给警卫发现了，不让进。烛之武非常失望，哭着喊着说，是来为秦国吊孝的。

秦穆公被吵醒了，非常生气，就让人把烛之武放进来，看看他怎么个吊孝法。刚一见面，双方没好气地奚落了几句后，谈话就进入了正题。

秦穆公说，你给我摆摆，秦国怎么就危险了，怎么就中了晋国的圈套了？

烛之武就开始摆事实，讲道理了：

第一，郑国这个位置就像是在晋国枕头边上，也好比在秦国的卫生间，拿下这块肥肉后，也是晋国吃独食。结果是，晋国的

社会风情

休妻有七出

周代有“七出”之说，也就是男方可以理直气壮地与老婆离婚的七个理由。分别是：不孝顺父母、没有生子、淫荡、嫉妒、大病、长舌和盗窃。妻子如果犯了其中任何一条，就会被丈夫赶出家门，而且不必通过政府。

国力强了，您的国力也就相对削弱了。

第二，还让郑国这么活蹦乱跳地活着，它就是您往来东方的五星级旅馆、驻东方办事处啊，添点补给什么的，甭提多方便了。

第三，晋国国君有不讲信用的传统。您曾经对晋惠公有恩惠，他也曾答应把焦、瑕二邑割让给您。但是，他早上渡河归晋，晚上就筑城拒秦，这事您是知道的。就这些吧，我的话说完了，您自个儿掂量掂量吧！

秦穆公听了，非常气馁，心说，俺这些年的主意看来都白打了，不过在为人做嫁衣裳啊。接下来，秦穆公与烛之武聊得非常投机，聊到最后，烛之武代郑文公把合约都签了。这还不算，秦穆公又派杞子、逢孙、扬孙帮郑国守城。第二天一大早，他撇下小舅子，自己闷声不响回国去了。

晋国的将领得到这个消息后，气急败坏，对晋文公说，这穆公虽然是您的大姐夫，但他这么出卖咱们，也太不仗义了吧？就请求和秦军干一仗。

晋文公无可奈何地笑一笑，说，算了，他走有他的理由，商人无利不起早嘛。看来，咱们这次是遇到郑国的能人了。

一句话读历史

张昌宗：千人推我不倒

唐武则天时，张昌宗颜值高，人称他是美若莲花。后来，张昌宗因美貌获得了武则天的宠幸，在朝中炙手可热，连武则天的侄子、权臣武三思都要拍他的马屁，说他的美只能是天上有，人间根本见不到。有人攻击他，张昌宗不屑一顾，理由是："丈夫当如此：今时千人推我不能倒；及其败也，万人擎我不能起。"——皇帝喜欢我时，千人推我，我就是不倒；哪天失势了，万人扶我，我也是扶不起来。

将军们又请求独自拿下郑国。晋文公说：不可能，咱们这次来，就没准备打硬仗，算了。于是，晋军也蔫不唧唧地撤走了。

总而言之，辩辞能退敌，是因为敌情有猫腻。敌情没猫腻，说得天花乱坠也没用。好人才，就是能发现这些猫腻的人，而不是光会耍嘴皮子的人。

向历史借智慧

有好的合作者可以事半功倍

历史如果可以假设，秦晋能够精诚合作的话，那就不会有后面战国的历史了，中国百姓早上几百年就可以过上安定和平的日子。要知道，最后统一中国的是秦，而晋，即使三分为赵、魏、韩之后，也仍都是强国。但历史的发展是不由人的意愿决定的。有一句话说得好，一个好搭档能让你得到一个世界，而一个坏搭档会让你失去一个世界。所以，慎重挑选你的合作伙伴吧！

弦高犒秦师

郑国的国君不咋地，但是这个国家的能人特别多。比如，公元前 630 年，小人物烛之武凭借三寸不烂之舌瓦解了秦晋联军，救了郑国老百姓。仅仅两三年后，牛贩子弦高又凭借十二头牛，救了郑国老百姓，你说奇不奇。

故事还是从头开讲吧。公元前 627 年，秦穆公又打起了郑国的鬼主意，这回他改单干了。自然，导致他这种出尔反尔的“高尚”行为的原因有很多，但主要跑不出这三点：

第一，这时候，晋文公和大家说拜拜了，新国君晋襄公压根儿就不值得秦穆公放在眼里；第二，对秦穆公来说，郑国总是那么具有吸引力；第三，两年多前，留在郑国帮助他们守城的将军也捎来好消息说：郑国北门还由咱们看管着呢，如果您不利用这个机会，我们很为您感到难过。

记住，这第三条，当初的安排绝对不是一个阴谋，纯属阴差阳错的巧合而已，千万别把秦穆公看得那么坏。

社会风情

商人有智慧

弦高做的是诸侯国间的贸易，见多识广，这样的商人不仅有商业头脑，还很有政治头脑，对各国大势把握得比较准。春秋时代还有一位大商人是越国的范蠡，范蠡以他超人的政治智慧来经商，很快积累起万贯家财，人称陶朱公。

有了这三条，秦穆公就想圆了这个梦。这时候，老臣蹇叔和百里奚出来反对了，说什么长途奔袭给养困难啊，长途奔袭容易走露消息啊，等等。秦穆公都不想听，他的意思很简单：一个人要是有能耐呀，您二位说的都不是问题。

转天，秦穆公就派百里奚的儿子孟明视为大将，蹇叔的两个儿子西乞术、白乙丙为副将，率领三百辆兵车，偷偷地去执行斩首计划了。

大军一路看风景，走了好多天。这一天，刚刚进入滑国地界，忽然有人拦住大军的去路，说是郑国派来的使臣，有事求见主将孟明视。

孟明视大吃一惊，心说，坏了，还是走露消息了，但他还是笑眯眯地接见了使臣，问他说：先生贵姓啊？来此有何贵干哪？一别两年，贵主公可好啊？

使臣说：我叫弦高，我们国君听到三位将军要来郑国帮助我们守城，心里非常感动。这不，特地派小的送上一份薄物，慰劳慰劳贵军将士们，以表达我们的一点谢意。

说罢，几个随从献上四张熟牛皮和十二头肥牛。

一句话读历史

胡太后：为后何如为妓乐

北齐胡太后一向放荡。皇帝高纬给胡太后请安，发现太后宫中有两个尼姑面貌姣好，便逼着她们陪侍，结果却发现原来是两个小伙子。胡太后又和一个叫昙献的和尚通好，特意为其设了个“昭玄统”的禄位，引起朝臣们一片哗然。北齐灭亡后，胡太后流落民间，公然做起了妓女，还宣称：“为后何如为妓乐。”——做皇太后哪里有做妓女快活啊！

孟明视顿时气馁下来，心说，这一下彻底改旅游观光了。不过，他依旧笑眯眯地说，哎呀，真是不巧，这回怕是帮不上贵国的忙了。实不相瞒，一个多月前，咱们国家出了一伙坏人，在国内好一通搞破坏，后来听说跑到这滑国地界来了，这不，咱们特来缉捕他们归案。

总之，他乡遇故知，想唠的话特多。最后，主将说了，虽然咱们不是来帮助贵国的，但是，如果您愿意将肥牛留下，我们也是愿意笑纳的。实不相瞒，离家一个多月，都不知道肉味了。

使臣连忙说，没关系没关系，将军们不辞辛劳，也是为各国和平作贡献嘛。我们大王非常愿意为贵军提供帮助，来日方长，来日方长。又客气了一番，使臣这才告辞了。

弦高走后，几个将领一商量，得了，人家早有准备，咱们还是熬点牛筋汤喝了，回国吧。事情就这么定了。

其实啊，孟明视他们上了弦高的大当。原来，弦高当时赶了一群牛，正准备到洛邑去做买卖。远远望见浩浩荡荡的一支部队，他暗暗地一打听，心说，坏了，是来打咱们国家主意的，这可怎么办哪？

一句话读历

陈汤：犯我强汉者，虽远必诛

西汉初期，国力不强，深受匈奴骚扰之苦，到汉武帝时，国家渐渐强大了，于是开始对匈奴用兵。公元前 36 年，匈奴再次击杀西汉使者，西域军队总指挥甘延寿主张上报朝廷后再决定怎么办，但副总指挥陈汤主张予以粗暴直接的还击，他直接绕过甘延寿，假传朝廷旨意，率兵千里奔袭，大获全胜，把惹事的匈奴单于杀头。事情办完了，陈汤才向朝廷报告，报告中有一句很振奋人心的话：“犯我强汉者，虽远必诛！”

一时急中生智，他自编自导自演，弄了这么一出爱国主义剧目。临演出前，他还派了个机灵鬼连夜赶回郑国向郑文公报告。

郑文公接到弦高的信后，大吃一惊，急忙叫人到北门去观察秦军的动静，果然就发现秦军磨刀霍霍，正是一级战备状态呢！

于是，郑文公向秦国的三个将军下了逐客令：我听说各位在郑国住得太久，非常思念家乡，最近想回国探亲，那就请便吧，恕不远送。

三个将军知道已经泄露了机密，也不好意思再待下去，只好连夜把人马开走，完事。

这就是弦高菜牛犒秦师的故事。十二头菜牛能救国，这种故事，也只有在春秋时代才可能发生吧。

向历史借智慧

一个平民的见义勇为

弦高退秦师的故事很多人都耳熟能详，但弦高其人，史书中少有记载，看来这个人确实就是个普通商人，而并非郑国的专业间谍。弦高的灵机一动救了一个国家，这样的见义勇为很令人感动。可见，一个普通公民也可能在国家大事上做出特殊贡献的。

崤之战

公元前628年冬天，晋文公去世了。在秦穆公看来，这正是出兵灭掉郑国的好机会，于是，他不听蹇叔和百里奚的劝阻，派孟明视、西乞术、白乙丙率兵千里奔袭郑国。

出发前，蹇叔哭得死去活来，对儿子西乞术和白乙丙说：你们这一去，晋国人肯定会在崤山设伏兵截击你们。崤山的地势非常险峻，你们一定要留心。如果你们满不在乎的话，我就只好到那里去收你们的尸骨了。

西乞术和白乙丙心不在焉地答应了。随后，秦国的军队一路向东进发。

第二年春天，秦军经过周都城的北门，大家就见士兵们一个个将头盔拿在手里，抛来抛去，有的士兵还从兵车上跳上蹿下，一副无拘无束的样子。

王城里的小神童王孙满看到这种情形后，回去对周王说，秦国的军队这么轻狂，这次出征，恐怕凶多吉少呢。周王听了，将

名臣风骨

先知蹇叔

蹇叔这人真是先知先觉，秦军还没出发，他就痛哭，说我看着大军出发，却看不到他们回来了！弄得秦穆公很恼火，说等大军得胜回来，你已经入土了，当然看不到。蹇叔又料到晋军会在崤山设伏，但这些意见，年轻的将领们听不进去。这可真是不听老人言，吃亏在眼前啊！

信将疑，只是笑了笑，没有放在心上。

大部队经过滑国的时候，又遇上了郑国的牛贩子弦高，用十来头牛就把秦军给忽悠了。孟明视带着军队无精打采地准备往回返，但是心有不甘，觉得这一趟不能就这么白跑啊，于是调转矛头，顺手捞点外快，把倒霉的滑国给灭了。随后，大队人马押着俘虏吆吆喝喝地往回返。

这个时候，晋国人也没闲着。晋国的大臣们围着新即位的晋襄公展开了唇枪舌剑的争论，中心议题就是：是否截杀这支不可一世的军队。

这个说，咱们和秦国人是几代亲戚了，不能打；那个说，不打就是给后代子孙留下隐患，必须打。最后，新君晋襄公决定：打他个埋伏。可见，先前蹇叔的担忧不无道理。

按规矩，晋国这时候刚办完国丧，是不能出兵打仗的，于是晋襄公想了个变通的方法，他命令出征的士兵把白色的孝服染成黑色，这样就可以算作向亡君道了歉。紧接着，晋国联合姜戎的军队，开到崤山的险要处埋伏起来。

四月十三日这一天，恰逢秦国的军队漫不经心地通过。晋襄

一句话读历史

刘玉娘：宫中所有惟此耳

后唐李存勖的皇后刘玉娘，大概是年轻时穷怕了，每天千方百计从国库里捞钱，掌管国库的官员阻止，刘玉娘就说：这是我们李家的钱，你管得着吗？当叛军兵临城下，大臣请求皇帝犒赏军队，刘玉娘气呼呼地说：国家又不是皇帝一个人的，凭什么只让我们拿钱！又拽出两个孩子，对大臣说："诸侯所贡，给赐已尽，宫中所有惟此耳，请鬻以给军！"——我家财产现在就剩这俩孩子了，你们带走卖了来赏赐军队吧！

公一声令下，晋军如神兵天降，毫无悬念地全歼了秦军，俘虏了秦军三军将帅孟明视、西乞术、白乙丙。回到都城后，晋襄公把他们关了起来，准备拿这几个活宝贝和秦穆公谈条件。紧接着，他下令士兵就穿着黑衣服给晋文公送葬。从此以后，晋国就以黑色的衣服作为丧服了。

再说，晋襄公的老爸晋文公的夫人文嬴（怀嬴）本是秦穆公的女儿，看见孟明视、西乞术、白乙丙三个主帅被俘，就想为娘家做点好事。

她对晋襄公说，这三个人破坏了咱们秦晋两国良好的双边关系，我爸爸如果抓到这三个人，想必吃了他们的肉也不解恨，又何劳您去惩罚他们呢？让他们回国去受刑吧，这样，我爸爸心里也好受一些，您看怎么样？

晋襄公想了想，就答应了她，放了孟明视三个人。

三人还没走多远呢，大将先轸来见襄公，问起秦国的囚徒哪里去了。襄公腼腆地说：太夫人为这事情请求我，我把他们放了。

先轸非常气愤，劈头盖脸数落了襄公一番，还极不礼貌地在襄公面前吐了一口唾沫。

一句话读历史

陈叔宝：王气在此

陈朝皇帝陈叔宝，史称陈后主，一天到晚不是醇酒美女，就是诗歌音乐，从来没想过怎么治理国家。朝廷里，谁诗写得好，谁会作曲，谁就可以当大官。隋文帝杨坚统一了北方，发兵攻打陈朝，陈叔宝一点也不害怕，他说："王气在此，齐兵三度来，周兵再度至，无不摧没。虏今来者必自败！"——天下王气在我家，北齐北周都曾经来攻打过，都失败了，隋军也必然失败。没想到，隋军没有失败，陈灭，后主做了俘虏。

晋襄公知道误了大事，就派阳处父去追孟明视等人，追到河边，孟明视等人已登舟离岸了。阳处父解下车子左边的骖马，假托晋襄公的名义，要赠给孟明视，其实是想诱敌上钩呢。

孟明视这回学乖了，并不上当，只是在船上叩头谢恩，还不硬不软地说：后会有期，咱们三年后再见！

阳处父一听，这是话里有话啊，但是人家船在水中，你能奈何得了人家吗，只好眼睁睁地看着他们从眼皮底下溜走了。

被释放回来的将士快要到达秦国都城的时候，秦穆公穿着白色的孝服在郊外等候他们。秦穆公哭着安慰将士们，将过失大包大揽，将士们感动得那叫一个一塌糊涂啊。

崤之战的故事虽然结束了，但秦国和晋国的梁子因此结下，战败的将军心里念想着：这口气，迟早要扳回来！

向历史借智慧

请时刻注意你的仪表

有个叫王孙满的人预言秦军必败，理由是，这支军队太涣散了，将没将样、兵没兵样，都以为是在旅游呢！似乎只是说军队的仪表，实质是说将士们的精神面貌。企业招聘时，有的应聘者在走廊上走来走去，抓头抠鼻；有的东张西望，坐姿七倒八歪；甚至有女生在洗手间和清洁工吵起架来了……这些人以为，只需要在面试官前表现出自己的优势就行，其实，你的言行举止，时刻都在泄露你的内在精神。

五将乱晋

公元前621年，晋襄公去世前，留下遗嘱要小儿子夷皋继位。但等老国君一伸腿，大臣们商量着，觉得夷皋太小了，国君还是找个年长成熟的人来做比较好。大臣赵盾提议立公子雍，并派人赶去了秦国，准备迎接公子雍回来。

但就在这一来一回之间，夷皋的母亲不干了，天天来找赵盾闹，话也说得有道理：先君待你们这么好，临终时发下话，要你们辅佐夷皋做国君；如今你们口口声声说为国家着想，要让别人来做国君，你们到底安的什么心啊？赵盾被纠缠得没办法，一琢磨还确是这个理，于是狠狠心，做了一把主，立夷皋为国君，这就是晋灵公。

晋灵公即位后，赵盾顺理成章地当上了执政，一时间，晋国朝野鸦雀无声。不夸张地说，赵盾咳嗽一声，地球也要抖三抖。这可愁坏了大臣箕郑父、士谷、梁益耳三个人。

这三位哥儿们与赵盾的矛盾由来已久，对他一手遮天的做派

名臣风骨

杰出的官二代赵盾

赵盾是赵衰的儿子，赵衰曾追随晋文公流离十多年，是晋文公创业团队的核心人员。晋文公即位后，曾把女儿嫁给赵衰，军政大权也由赵衰和一帮老臣掌握着。父亲赵衰打下的基础，到了赵盾这里更发扬光大，晋襄公去世后，国君的废立权实际上掌握在赵盾手上。在赵盾的主政下，晋国继续保持强大。

非常不满意，早就想取而代之了。不过，他们在等一个机会。不久机会来了。

晋灵公即位没几天，后遗症就显现出来了。原本说好秦国送公子雍回国继位的，可大队人马在半道上，就听说太子夷皋已经即位了，心想，这不是把咱们当猴耍吗？哪像是几辈子的亲戚？秦穆公就派个使者来质问赵盾，怎么回事啊，这是？

赵盾脸一虎，说，少废话，我也有我的难处，要么您自己打道回府，要么咱们就战场上见。秦穆公一听，鼻子都气歪了，心说，谁怕谁呀，就搬来兵马，准备与赵盾干仗。

赵盾也不含糊，让箕郑父留守，亲自率领大部队去和秦国军队操练操练。

箕郑父、士谷、梁益耳三人一看，天赐良机啊，赶紧反了赵盾，废黜夷皋，迎接公子雍回来继位吧，咱们三位都有拥立之功啊。于是赶紧商量，就要动手。

没想到，他们这里还没准备妥当呢，赵盾就得胜回朝了，公子雍也死在乱军之中。三个人是又气又急。气的是，这么好的机会没把握好，急的是赵盾又添了战功，越发不好对付了。于是，

一句话读历史

魏徵：别逼我做忠臣

有人向唐太宗打小报告，说魏徵以权谋私，提拔亲信，搞小团伙。结果查无实据，唐太宗让人转告魏徵注意避嫌，不要惹人非议。魏徵不高兴了，向唐太宗抗议说："愿陛下使臣为良臣，勿使臣为忠臣。"忠臣和良臣有差别吗？做忠臣不好吗？魏徵解释："良臣"就是本人得到美名，皇帝也得到美名，万古流传；"忠臣"就是自己因谏而死，被皇帝杀了头，而皇帝也成为千古罪人，忠臣空留其名，却于国无补。

他们只好耐着性子等待下一个机会。

事有凑巧，就在这次战役中，大臣蒯得犯了军法，被大将先克夺了田产和俸禄，满肚子不忿，就来找士谷诉说。三人一看，大喜，又添帮手了。于是，四个人一商量，决定拿先克开刀。原因很简单：第一，为升职的事，先克得罪过士谷、梁益耳两个人；第二，先克是赵盾的左膀右臂。

但是，先克可不是吃素的，要对付他，就需要一个得力的杀手。四个人不约而同地想到了大将先都。原因很简单：第一，为升职的事，先克也得罪过先都；第二，这次去接公子雍回国不成，先都对赵盾很不满。

蒯得偷偷地去向先都一说，先都当即同意了。五个人一拍即合，定下了计谋。

转年冬春之交的一天，先克到箕城谒拜他的先祖先轸的祠庙，回来的路上，一伙五大三粗的人冲上去，不由分说将先克剁成烂泥，先克的随从见状，都四散逃跑了。不用说，咱们都知道是谁干的。

赵盾听说先克被"盗匪"杀了，顿时大怒，当即严令手下缉拿凶手，每过五天，就去追查一次，发誓不抓住凶手绝不罢休。

典故制度

五湖五岳

常说"五湖四海"，四海都知道，五湖是五个大湖的总称，历来说法不一，近代一般以湖南的洞庭湖、江西的鄱阳湖、江苏的太湖和洪泽湖、安徽的巢湖为五湖。又有五岳，是中国五大名山的总称，历来也是说法不一，汉朝为中岳嵩山、东岳泰山、南岳天柱山、西岳华山、北岳恒山（在河北曲阳县）。后来又改南岳为衡山。明代改今山西恒山为北岳。

先都见状，心里非常紧张，就去和蒯得商议，怂恿士谷、梁益耳赶快起义，以绝后患。不料，梁益耳当晚喝醉了酒，将事情的原委泄露给弟弟梁弘。梁弘大吃一惊，心想，这可是牵连九族的事情，便跑去告诉了赵盾的亲信臾骈。

臾骈转头就将这事告诉了赵盾。赵盾即刻召集兵马战车，吩咐士兵们等候他的命令。先都听说赵盾的宅邸外聚集了许多兵甲战车，疑心计划泄露，急忙赶到士谷那儿，催促他赶快行动。

箕郑父却打算借着上元节晋灵公邀集百官聚会的时候，乘乱行动。几个人商量了很久都没有定下来。

先都非常气馁，跑回家躲了起来。

赵盾一看，毛贼，快出来受死，就派臾骈领兵包围了先都的家，三下五除二将先都抓获，投入死牢。

慌乱中，梁益耳、蒯得准备找箕郑父纠集四家的家丁，救出先都，但四个人的意见还是不统一，于是各自打道回府，准备听天由命。

紧接着，赵盾派人请箕郑父到朝堂商议。箕郑父心说，这时候，赵盾还要召见我，说明他没有怀疑到我，便只身一人，轻装赴会。

一句话读历史

刘宋顺帝：愿生生世世勿生帝王家

南北朝刘宋帝国末年，九岁的刘準继位为皇帝，即宋顺帝。实际权力掌握在大臣萧道成手中，宋顺帝则时刻活在恐惧之中。一天，士兵闯进宋顺帝的卧室，宋顺帝惊恐地问：“是要杀我吗？”士兵说只是让他换个地方住。宋顺帝既庆幸又感叹地说：“愿生生世世，再也不要投胎到帝王之家！”宋顺帝被软禁到13岁时，还是被杀，终究没逃过一死。

两个人见面后，赵盾便慈眉善目地和箕郑父讨论天气情况，大约过了一个时辰，赵盾一声怒喝，左右武士从帐后一拥而上，将箕郑父按倒在地。

原来，这是赵盾的一个计谋。因为箕郑父是上军元帅，赵盾担心他鼓动士兵闹事，便假意请他到朝堂来议事，暗地里却派三支人马，分头去抓士谷、梁益耳、蒯得三人。等人都抓齐了，大家给赵盾一个暗号，箕郑父自然就俯首就缚了。

随后，赵盾将这件事奏报给晋灵公，将先都、士谷、箕郑父、梁益耳、蒯得五人在街市上斩首示众，罪名是"目无君主"。从此以后，晋国的大臣和百姓，没有不畏惧赵盾的。

后来，赵盾的前同事狐射姑评价赵衰和赵盾这父子俩：赵衰是冬天的太阳，赵盾是夏天的太阳，一个暖人，一个烤人。唉，自古父子秉性不同，哪里只有赵盾和赵衰二人呢？

向历史借智慧

要成熟，多读史

一个人要想比较快地心智成熟起来，读历史是最好的方法。因为历史上不管是所谓奸人还是好人，只要能够做成一两件大事，都有非凡之处，绝不是纯靠运气。在成事者的共同品质中，很重要的一条就是，多动脑、别冲动。

赵氏孤儿

晋景公（晋成公的儿子）时，晋灵公的权臣屠岸贾重新掌权了，管的人一多，难免就会想起了以前的伤心事。想当年，自己受相国赵盾的迫害还少吗？灵公被赵盾间接地搞死了，他能活到今天，也是奇迹。

眼下，眼中钉赵盾已经死了，儿子赵朔也没他老子有能耐，赵氏家族也不团结，报仇的时候是不是到了？嗯，是时候了。

碰巧，这时候，梁山塌了一个角，这可是不祥之兆啊，晋景公犯愁了，心想，我什么地方又做得不对了？屠岸贾说，我知道是怎么回事，胡乱一推理，景公明白了。

于是，在主公的默许下，屠岸贾揣着个小木牌，上面写着“弑君谋反”四个字，就带着一彪人马到赵府来抓人。

不巧，这事给晋军将领韩厥提前知道了，他吓了一跳，赵朔一家都对他有恩啦，就急忙去给赵朔报信，让他快逃。

赵朔严肃地说，我不能跑，上一次我爸爸跑了又回来，结果

庙堂真相

赵盾弑君事件

晋灵公是赵盾的族弟赵穿所杀，不关赵盾的事，但有人不这么想。晋国有名的史官董狐就在书中记载：“赵盾弑其君！”赵盾不肯背这黑锅，就找董狐说理。董狐说，你是一国执政，国君被杀，你不追究杀手的责任，这笔账当然要算到你头上。赵盾拿他没办法，倒是晋成公即位后，给他平了反。

灵公被人杀，账说不清就算到我爸头上了；我就待着，死有什么了不起？有件事，我爱人有三四个月的身孕了，如果是个男孩，生下了你设法让他活命，我就死而无憾了。如果是女孩呢，那就劳驾屠岸贾替我杀了吧。

韩厥一通哭，说，要不是我官职低，就不会让这个悲剧发生了。好吧，我答应。于是一合计，让赵朔爱人庄姬偷偷地从后门溜走，躲到宫里去了。因为呀，庄姬是晋景公的姑姑。

说这话没一个时辰，一彪人马就来到赵府，像割麦子似的，将赵氏家族男女老幼，全部咔嚓了。清点战果，就跑了庄姬一人。

屠岸贾眉头一皱，一彪人马开到宫里，就向晋景公要人。晋景公说，不行，我父亲生前非常喜欢我姑姑，你不能杀她。屠岸贾语重心长地说：听说她怀了赵家的崽子，斩草不除根，后患无穷啊。

晋景公说，行，等她生下来再看吧，如果是男孩，随你。如果是女孩，你就一边歇着去吧。

这事就这么定了。于是，打这以后，屠岸贾成天像特务一样盯着庄姬的肚子。转眼间，就到了分娩的日子，劳动成果把庄姬、

名臣风骨

赵氏孤儿

发生在赵家灭门案中的这个故事，自元代被编成戏剧《赵氏孤儿》以来，盛演不衰。程婴先是以亲生儿子替出了赵氏孤儿，等到孤儿长大、晋悼公为赵家平反后，程婴自杀而死，死前说了一番话：多年之前我就应该和公孙杵臼一起死，但我要保护恩人之子，所以苟活着；如今任务完成了，我不能再偷生。赵武为程婴守孝三年，修祠祭祀。

晋景公和左右的人吓了一大跳，是个男孩，按他父亲的遗嘱，取名赵武。

于是庄姬笑眯眯地放出消息，小产，是个女孩，已经死了。这样的结论，傻子才会信，屠岸贾就带了一彪人马到宫中去验明正身。

庄姬就将赵武用粗绳子吊在裤裆里，反正袍子大而肥，并叮嘱赵武，想活命，就别哭，不想活命，尽管哭。赵武想活命，果真没哭，屠岸贾就没辙了，没搜着。

有参谋说，婴儿肯定被运出宫，藏到外面去了。屠岸贾急了，放出狠话：赶紧交出来，要不，出生一百八十天以内的婴孩都得死。

这可愁坏了两个人，程婴和公孙杵臼。早前，老赵家对他们有恩，最近几年，幸亏和老赵家走得不近，他们才躲过了这场灾难。听到这个事，他们决心为旧主人做点事。

两个人一商量，有了计划。转天，程婴来找屠岸贾告发：公孙杵臼将孩子藏在了山里，我怕受连累，愿意带你们去。

屠岸贾大喜。转眼间，一彪人马开到山里，在一个茅草屋里搜出个男婴，穿着锦绣衣裳。公孙杵臼大骂程婴，程婴面有愧色，

一句话读历史

苏味道：做官要圆滑

苏味道初为官时，刚直、清廉，却得罪了很多人，接连被诬陷、贬职。后来苏味道学乖了，开始学着保护自己，最重要的就是：任何场合，任何事情，都绝不作明确的表态。靠着自己的学识和能力，苏味道深得武则天的欢心，被任命为宰相。在同僚当中，他也是出了名的老好人。退休时，门生们向他请教做官诀窍，苏味道回答：“但模棱以持两端可矣。”即凡事模棱两可，到底你是什么态度，让别人猜去吧。

只顾流泪。不用说，公孙杵臼和男婴当场就被咔嚓了。屠岸贾回到家，开始睡上第一个安稳觉。

程婴领了赏钱，非常恭敬，征得屠岸贾同意，收殓了旧主人的男女老幼，也不做官，也不看门，到犄角旮旯忏悔去了。

转天，程婴拎个药箱，联系上了韩厥和庄姬，将真赵武偷偷地运出宫去，这回他是真的躲到山里去了。诸位问了，先前被屠岸贾咔嚓的男婴是谁？其实，那是程婴自己新生的儿子。

光阴似箭，日月如梭。转眼十五年过去了，屠岸贾还在台上，晋景公却变成了鬼。接着是晋厉公继位。不久，晋厉公又死了，由晋悼公继位。

这时候，中军元帅栾书死了，悼公平常就听说韩厥贤德，就拜他为中军元帅，来接替栾书的位置。

韩元帅管的人一多，难免就会想起了以前的伤心事。想当年，自己和赵朔一大家子人受的迫害还少吗？眼下，我也有兵有将，报仇的时候是不是到了？嗯，是时候了。

转天，韩元帅就对悼公循循善诱，说，您有现在的繁荣，都是老赵家给打的基础，是不是给他们平反什么的？

一句话读历史

活着时不反，死了后也会反

西汉景帝时，周亚夫平定“七国之乱”有功，被封为太尉，后又做了丞相，一时风头无两。后来景帝起了猜忌，故意为难他，大臣们见风使舵，告周亚夫谋反，恰好周亚夫的儿子买了一批废旧甲盾，准备父亲死后用作随葬，于是“证据确凿”，周亚夫被下狱。周亚夫辩解说只是随葬品，不承认谋反，审讯官答：“君侯纵不反地上，即欲反地下耳！”——你就算活着的时候不会反，死了后到阴间也会造反。周亚夫绝食而死。

悼公说，反一定得平，可惜赵家断了种。韩元帅就把赵家没有绝种的事情向悼公说了一遍，第二天，就将英姿飒爽的十五岁少年赵武带到了悼公面前。屠岸贾也在现场啊，心想，完了，我的时代结束了。于是，韩元帅和赵武带一彪人马将屠岸贾一家咔嚓了。

向历史借智慧

做人要做冬天的太阳

虽说盛极必衰，但要说赵家惨案发生的原因，源头得在赵盾的做人风格上找。比较父子两人的办事风格，正如当时人所评论的，父亲如冬日暖阳，儿子如夏日炎炎；冬天的太阳自然招人喜欢，而夏天的太阳，强势是够强势了，但容易惹人骂、惹人心生怨恨。赵盾当政年间，得罪的人太多，当他死后，招致的报复也就很重。做人，还是做冬天的太阳好，让人感动、感恩，别让人畏惧、怨恨。

学习笔记

第四章　楚王南来

楚地是所谓南蛮之地，楚国也就是南蛮之国，它和秦国一样，都是被中原诸国排斥和看不起的文化落后国家。但楚国却是个名副其实的庞然大物，楚兵团一擂战鼓，中原各国立即魂不附体。楚国为什么如此声势夺人？是因善用人才，又地处南方，开化程度不好，它曾大言不惭道：我本蛮夷，不与中国同。

无知者无畏，楚国一直如此。公元前614年，楚庄王上台后，从南打到北，破天荒地跑去问周王国的九鼎有多重。楚庄王，是除齐桓公、晋文公之外，最具实力的称霸者。直到一个叫夏姬的女人被引渡到楚国，一系列复杂的事情由此展开，从楚国背后新崛起一个吴国，它和晋国一起，严重地阻击了楚国的称霸事业。

桃花夫人

桃花夫人姓妫，因目如秋水，面如桃花，所以被人称为“桃花夫人”。

桃花夫人是陈国的公主，妫公主的第一任丈夫是息国国君。从陈国到息国，要路过蔡国。事有凑巧，蔡侯的夫人正好与妫公主是亲姊妹。妫公主出嫁的这一天，蔡侯非常殷勤，将送嫁的队伍迎至宫中，设宴款待。

在这之前，蔡侯也听说过妫姑娘的美色，但这次一见之下，魂儿还是出了窍。于是乎，招待期间，言语不免暧昧，行为不免轻佻。

没想到，这些个不良暗示，惹恼了冰清玉洁的妫姑娘——如今的息夫人。到达息国后，息夫人哭哭啼啼向息侯一番哭诉，息侯当下大怒，可以说是：怒从胸中来，恶向胆边生。

转天，息侯出了趟远门，去拜访了楚文王，如此如此，将事情的原委添油加醋地说了一番，最后提出一个诡异的要求：恳请大王您来打我们息国吧！

庙堂真相

没文化，胆子大

公元前 740 年，楚国建立，第一代国王就是楚武王，即楚文王的父亲。楚国地处南方荒蛮之地，文化落后，被中原各国看不起。但文化落后也有好处，他们不理中原的那套规定，国君直接称王，跟周天子平级。

楚文王愣住了。息侯继续说："到时候，我就向我的这位连襟求救，只要他敢迈出城门半步，我就要他好看的。事成之后，我绝不会亏待您！"

楚文王喜欢这种思维方式的人，哈哈大笑，当下就答应了。

转天，楚文王与息国合兵一处，三下两下就将蔡侯装进了囚车。楚文王正等着息国的供奉呢，蔡侯明白是怎么回事了。

于是，他在囚车里叹一口气，添油加醋，把息夫人的绝色向楚文王报道了一番，最后说：如果您看见了她，指不定比我做的还过分呢。

楚文王一听，心里一个激灵，心说，是吗？不可能吧？于是有了个坏主意。

转天，息侯接到楚文王的消息说，准备亲自登门拜访老友，借以增进友谊。息侯一听，高兴啊。你想啊，楚国是大国，有文王这个大哥罩着，日后的日子就有保障了。于是他高高兴兴款待了楚文王，并由息夫人作陪。

楚文王一见息夫人，心说，不好，要出事了，这真是个容易引起暴乱的人啊！当天晚上，他夜不能寐，一直想着今后的打算。

典故制度

趾高气扬

"趾高气扬"指人走路时脚抬得很高，神气十足，很骄傲自满的样子。春秋时，楚武王派大将屈瑕带兵攻打罗国。大臣斗伯比为他送行，看到他走路时把脚抬得高高的，回来就对楚王说：屈瑕太骄傲了，这次出征，他必败无疑。建议增加兵力，楚王不听。屈瑕在军中更加骄横，下令"敢谏者处以极刑"。后来果真惨败，屈瑕羞愧不已，于是上吊自杀了。

第二天，楚文王返回军中，设宴答谢息侯，同时盛情邀请息夫人作陪。不巧，息夫人有恙，不便成行。楚文王非常生气，说，这太不给面子了。于是酒杯一摔，左右武士一拥而上，转眼，息侯也做了楚文王的俘虏。紧接着，楚文王带着将士直奔息国的王宫，来找息妫。息妫听说丈夫在外面惹出了乱子，当下大惊，才知道最近丈夫一直在忙于做引狼入室的工作，就哭哭啼啼，一路小跑，遇到个水井，就要往里跳。

这还了得！楚文王的大将斗丹是个机灵人，小跑到她身后，一把抓住夫人的衣裙，嘿嘿地笑着说："夫人哪，您这一死是小事。为了保住您丈夫的性命，您一定要坚强地活下去呀。"

听了这话，息夫人是什么反应？据史书记载："息妫默然。"息夫人被斗将军的幽默给呛住了，默默无言，说不上话来。

转眼间，楚文王一脸崇敬，出现在息夫人跟前。

不难想象，息夫人当时心里在想：得了，还是从了吧，楚国是大国，到了那里，就没人再敢打我的主意了吧……我的命好苦哟。

就这样，息夫人变成了楚国夫人，不久，就为楚文王生了两个儿子，即堵敖和后来的楚成王。

野史秘闻

楚庄王爱马

楚庄王有爱马癖，对于自己心爱的马，他都会给它们穿上华丽的衣服，建别墅，吃最好的食物。最终马儿营养过剩，出现胖死的情况。每当马死了，楚庄王必放声大哭，让众臣给马儿开追悼会，参加马儿的葬礼。

美中不足的是，楚夫人入宫三年，从不与楚文王说一句话。楚文王非常纳闷，有一天，终于忍不住了，就问她说：是我哪里做的对不住你吗？

楚夫人被逼无奈，只得回答说：“我一个女人家，同时伺候两个丈夫，活着也只能算是苟活，又有什么脸去叽叽喳喳的呢？”这句话的潜台词就是：你不是不可一世吗！你能得到我的人，但得不到我的心！

楚文王听了，觉得非常无趣。他愤愤不平地说：“这都是蔡侯的过错，我这就为夫人报仇去。”说干就干，转天，他就带兵攻下了蔡国，囚禁了蔡侯，这才解气。

故事到这里并没有结束，几年后，楚文王征讨巴国，死在军中。他与息妫生的大儿子接替他坐了王位，大儿子没能耐，还想杀弟弟。弟弟一狠心，先下手把哥哥灭了，自己坐了王位，这就是楚成王。

这时候，楚文王的弟弟子元欺负国君年幼，又开始打起桃花夫人的主意。但一个宰相（令尹）能把国母怎么样？子元有他的办法，他在夫人的寝宫旁给自己盖了一栋别墅，每天泡在那里载歌载舞，不用说，诱人的歌舞嗖嗖地向夫人的耳朵眼睛里钻，说

一句话读历史

宋太祖：卧榻之侧，岂容他人鼾睡

北宋准备进攻南唐，南唐派出使者来求和：“我们就像一家人，何必刀兵相见呢？”宋太祖回答：“既然是一家人，为什么要分居？”使者表示，不如化敌为友，南唐愿做北宋的忠实仆人。宋太祖回答：“卧榻之侧，岂容他人鼾睡！”——我的卧床旁边，岂可容许别人鼾声如雷！

白了，就是公孔雀开屏的做法。

过了一段时间，桃花夫人终于忍不住了，哭着对成王说：“先君让人歌舞，是用来演习备战、征伐诸侯的。现如今，你叔叔在一个未亡人旁边载歌载舞，这是居心何在呀？”成王自忖对付不了叔叔，只好托人将母亲的话委婉地转告子元。

子元听了，恍然大悟，严肃地说：“夫人不忘仇敌，我反倒忘了。好吧，我堂堂男子汉，是不会让夫人失望的。”说干就干，这年秋天，他率战车六百辆进攻郑国。

可想而知，这仗就不会正儿八经地打，不久，桃花夫人接到战报：子元大胜而还。紧接着，胜利者公然住进王宫，想和夫人处对象。但一连三夜，他没近得了夫人的寝榻。

这可把楚成王气坏了，他决心给叔叔一点颜色看看。公元前664年秋天，楚成王联合申公斗班杀死了子元和他的全家。

故事到这里，可以告一段落了。关于桃花夫人的结局，没有明确记载。因为她的美丽，她成了后世无数才子诗人的梦中情人。

向历史借智慧

请神容易送神难

中国古代没有永久中立国一说，身为小国，遭遇压力时可选择的方案不多，一是自强，但既然国小，自强的空间肯定不大；二是投靠一个大哥，息国就是这样做的。但没想到，大哥是靠不住的。经验告诉我们，请神容易送神难，忙是大哥给帮了，但大哥要的价码，让做小弟的付不起。而且，就算大哥不求回报，这么一个庞然大物在身边，迟早是颗定时炸弹。所以，再小也要自强，这才是小国的出路，也是小人物的出路。

不飞则已，一飞冲天

公元前614年，一代枭雄楚穆王含恨而终，他的嫡长子芈熊旅毫无悬念地继承了王位，楚国便进入了楚庄王的时代。

楚穆王生性残忍，一生酷爱征战，把周边的国家搞得惶惶不可终日。但是，大臣们将他自己的家里闹得乌烟瘴气，他却懒得去管。鉴于此，他的退休，无形中就给儿子芈熊旅留下了一个外强中干的乱摊子。而芈熊旅继位后的第一件事就是：替他老子偿还债务。

楚庄王继位的第二年，公子燮和大臣斗克趁执政官子孔（又称成嘉，大将成得臣之子）出兵征战之际，宣布首都郢都戒严，并派人去行刺子孔，以便将楚国纳入他们的管理之下。

不料，阴谋失败，子孔大怒，回师围攻郢都。公子燮和斗克一看情况不妙，便挟持楚庄王突围外逃，准备另立中央政府。一彪人马途经庐地的时候，公子燮和斗克被庐大夫戢梁诱杀，楚庄王才得以重返郢都。

庙堂真相

逼死父亲的楚穆王

公元前626年，楚成王准备废掉太子而另立，太子一激动，就带兵包围了父亲，逼着成王上吊而死，自己即位，即楚穆王。史载楚穆王"蜂目而豺声，忍人也"，枭雄本色由此可见。

楚穆王在位期间，秦、晋、楚相互征伐，楚穆王先后灭掉一些小国，逼得其他老牌国家也只能忍气吞声。前614年，穆王去世，庄王立。

想想吧，大臣们对新国君如此肆无忌惮，新国君能怎么样啊，做一天和尚撞一天钟呗，不被杀头，有口饭吃就不错了。如果大臣们还允许他拥有美酒、美食、美女和歌舞，那就该感恩戴德了。

事实上，大臣们对楚庄王非常仁慈，美酒、美食、美女和歌舞统统的可以有，楚庄王也乐得清闲，过起醉生梦死的日子，任由大臣们胡闹。同时，为了避免打扰，他还在朝堂门口悬挂一条命令："都别找死啊！有胆敢来唧唧歪歪的，杀！"

这可把有些个大臣急坏了，心说，完了，这孩子遗传了他老子的大部分基因，怎么除了美酒、美食、美女和歌舞，啥都不懂。这样下去，楚国该怎么办哪？

急归急，可谁也不敢去瞎唧歪。转眼间，三年过去了，所幸大臣们非常自律，没有给楚国添什么大乱子。

这一天，大夫申无畏终于忍不住了，冒冒失失地闯进宫，想和楚庄王唠唠家常。

庄王右手搂着郑姬，左手抱着蔡女，盘腿坐在钟鼓之间，醉醺醺地在观赏歌舞。见申无畏进来，他眯着眼睛问道："大夫来这里，是想喝酒呢，还是要看歌舞啊？"

一句话读历史

陈胜：王侯将相，宁有种乎

陈胜本是楚国一个农民，年轻时就有宏图大志。干活之余，他跟伙伴们聊天，说："苟富贵，勿相忘！"旁人嘲笑他，陈胜回答："燕雀安知鸿鹄之志！"秦朝末年，天下大乱，陈胜也领导了一些贫苦人起来造反，史称大泽乡起义，喊出的宣言就是："王侯将相，宁有种乎？"——王侯将相也不是天生的，而是靠努力拼搏得来的。

申无畏说："有人给我出了一个谜语，我猜了好多天，怎么也猜不出啊。这不，特此来向您请教来啦！"

楚庄王严肃地说："什么谜语，真这么难猜吗？你说说看！"

申无畏就说："这个谜语是：楚国有只大鸟，栖在土坡上，三年不飞，三年不叫，令人好费解呀。人们都在猜，它心里到底在想什么呢？臣也弄不懂啊。"

楚庄王听了，哈哈大笑起来，说："这有何难？我猜它三年不飞，是不是为了一飞冲天啊？它三年不叫，是不是为了一鸣惊人哪？"

听到这里，申无畏非常高兴，便客客气气地退了出来。

转眼间，又过了几个月，楚庄王依旧是整天围着美酒、美食、美女和歌舞转。大夫苏从终于忍受不住了，也冒冒失失地闯进宫，想和楚庄王唠唠家常。才进宫门，他便大哭起来。楚庄王说："先生，有什么事让您这么伤心啊？"苏从说："楚国快要亡了，我也快要死了，所以伤心。"

楚庄王很吃惊，便问："眼下，楚国不是好好的吗？怎么就要灭亡了呢？您也不是好好的吗？怎么就要死了呢？"

野史秘闻

伶人优孟

中国最早的戏子是优孟，擅长表演，为人正直，进谏相当有一套。楚庄王的爱马死了，楚庄王要厚葬，优孟进来说应当用雕木的美玉做棺材，用最上等的梓木做外椁，拿樟木等贵重木材做装饰，再派几千名士兵挖掘坟墓，老人和孩子背土筑坟，然后，让齐赵的使节在前面陪祭，韩魏的使节在后面护卫。安葬完毕之后，再为它建立祠庙，用猪、牛、羊各一千头的太牢礼来祭祀它，并且安排一个一万户的城邑进行供奉。楚庄王晕倒，干脆就让大家吃马肉算了。

苏从就说："您这样下去，楚国不玩完，那就是老天不长眼啊。我忍不住来劝您，您不杀我，那也是老天不长眼啊，我这不就是死在眼前吗？"

楚庄王忽然站起来，动情地说："唉，这几年，我没有一天不在思慕良臣啊，现在我发现了几个。好吧，可以开始了！"

于是，楚庄王传令解散了乐队。第二天，他便召见了申无畏和苏从。在他们两个的推荐下，楚庄王又任用了一批能干的人。在接下来的二十年里，楚庄王对内集中权力，对外开疆拓土。一时间，国威大震。

公元前 594 年，即楚庄王即位的第二十个年头，楚国召集了一次十三国会盟，楚庄王成为称雄中原的霸主。

这个故事还为后世贡献了两个成语："不鸣则已，一鸣惊人""不飞则已，一飞冲天"。

向历史借智慧

好领导还需要有好干部

楚庄王不鸣则已，一鸣惊人。好男儿就该是这样子！做事业，要有物质基础，要有群众基础，而最重要的，还得有干部基础。人的因素永远是第一位的，没有合适的人手，再好的梦想也是空谈。好比一个公司，发现商机、寻找市场，这是群众基础；投入资本、物力来开发产品或服务，这是物质基础；最重要的，是要有自己的执行团队，没人去开发产品、推广产品，再好的商机也是一张画饼。

问鼎中原

楚庄王即位后，一直受到以令尹（宰相）斗越椒为首的权臣钳制，心里很不舒服。但是，考虑到自己羽翼未丰，没有得力的左臂右膀可以倚仗，不得已，只好韬光养晦，等待时机。

于是，他假装沉溺于喝酒、打猎、歌舞、戏耍，不知不觉一晃三年。直到有一天，大臣申无畏和苏从冒死劝谏，他知道，时机已经成熟，左臂右膀就在眼前。于是他传令，丢掉钟鼓，罢息歌舞，远离郑姬和蔡女，并立樊姬为夫人，叫她掌管内宫的事务。

紧接着，他又提拔了申无畏和苏从，并听从他们的建议，任用芳贾、潘芳、屈荡，以便与斗越椒抗衡。有了这些准备后，楚庄王开始发号施令。

眼下，当务之急就是要讨伐反叛的庸国，楚庄王决定御驾亲征。他乘坐战车到了前线，亲切地接见了前方的官兵。随后，他亲自指挥部署，并派人联络秦国、巴国及蛮族部落围攻庸国。

庸国在大家伙儿的群殴下，独力难支，不久就宣告灭亡，楚

庙堂真相

九鼎是权力的象征

相传夏启铸九鼎，藏在天子的家里。九鼎，象征着中国的九州，它是天下的象征，也是权力归属的象征，好比皇帝的玉玺、大总统的办公印章。九鼎后来下落不明，至今还没有找到，有人说是被熔化卖钱了，有人说可能是埋在水底或地下了。

庄王打赢了亲政以来的第一场大仗，一时间，形象大放光辉。

紧接着，楚庄王又联合郑国讨伐宋国，联军在大棘一带与宋军好一番恶战，俘获了宋军元帅华元。与此同时，楚庄王还命令芀贾领兵阻止晋军援救宋国。

芀贾率军与晋军在北林一带好一番恶战，俘获了晋军大将解扬。

从此，楚国国力日益强盛，楚庄王也开始萌生了称霸中原的野心。

公元前606年春天，楚庄王亲自率领大军北上攻打侵略周王室的犬戎，抵达周都城附近的洛水。班师时，大军在周王室的枕边安营扎寨，这可把周定王吓坏了，急忙派大夫王孙满去慰问楚庄王。

两下里一见面，楚庄王便说：“我听说，大禹铸有九鼎，从夏传到商，又从商传到周，是天下独一无二的宝贝，现在就放在洛阳城里呢。请问，这鼎多少斤？”

王孙满一听，心里纠结了一小会，就恭敬地说：“依小臣看，天子能否臣服天下，取决于有德和没德，而不在于有鼎没鼎吧？

名臣风骨

好婆娘樊姬

樊姬是楚庄王的爱妾，贤惠、有见识。庄王沉溺打猎，樊姬就不再吃肉；庄王沉溺女色，樊姬就不再梳妆打扮，以此来规劝庄王。庄王立她为夫人，掌管内宫。一天，樊姬劝庄王：我是女人，还知道从各地寻访品貌双全的女子，来服侍大王，虞邱作为国家重臣，怎么从不为您推荐人才呢？一语点醒庄王。

大王您别忘了，当初夏禹是因为有德，天下诸侯都拥戴他，各地自愿贡献铜材，夏启才能铸成九鼎，作为镇国之宝的。后来夏桀昏庸失国，九鼎就被搬到了商汤的王宫；商纣暴虐失国，九鼎又被搬到了周武王的王宫。所以，依小臣看，如果天子有德，九鼎虽小，却像泰山一样重得难以移动；如果天子无德，九鼎虽大，却像是鸿毛一样，移动起来不费吹灰之力。眼下，周天子的德行还在，周朝的国运还没有走到尽头呢，您问九鼎的轻重大小，好像不大合适吧？”

庄王听了哈哈大笑，撇撇嘴说：“那有什么合适不合适的。眼下，周天子有德无德我不清楚，我不过也想鼓捣个九鼎，放在宫里玩玩罢了。不客气地说，咱们楚国有的是铜啊，咱们只要把在战场上折断的戈戟的刃尖收拾收拾，就足够做九鼎的了。”

王孙满见话不投机，也不好再往下深说了。这边，庄王虽然好强，但还没有狂妄到要和中原所有诸侯叫板的地步。取周天子而代之，他有这个心，暂时还没这个胆，于是这事就姑且放下了。从此以后，后人就将夺取政权称为“问鼎”。

向历史借智慧

聪明未必就能成大事

这里的王孙满，就是崤之战时判断秦军必败的那个神童。“王孙”是他的身份，周天子的孙子。这个聪明人，除了这两件事迹外，并没在历史上留下其他记载，真是可惜。他的王孙身份，注定了他只能守在越来越狭小的周朝都城，而不能加入春秋时代的人才大流动中去。要成为大鱼，就要去大江大海；要鲲鹏展翅，就要去万里长空。这也是很多人宁愿舍弃舒适的生活，去做北漂、南漂的原因，因为在广阔天地里才能成就大梦想！

寡妇夏姬

夏姬是郑穆公的女儿，和她相好的第一个男人叫子蛮。子蛮和夏姬好上没多久，就死了。怎么死的，这个没人知道。

夏姬的第一任正式丈夫是陈国的贵族夏御叔，“夏姬”这个称呼，就是由她第一任丈夫的“夏”姓而来。嫁给夏御叔后，夏姬生了一个儿子，取名夏征舒，字子南，昵称夏南。不过，婚后没几年，夏御叔也丢下夏姬和儿子，一命归西了。

从此，寡妇夏姬就带着儿子住在夏家的封地——株林。要知道，夏御叔本是陈国王室的一支，因此，住在株林的夏姬一家，还享有相当高级别的待遇。据估计，王室会经常派人去株林给这母子俩送东西，以表示慰问。

陈国的大臣中，去株林去得最多的是孔宁和仪行父两个人。久而久之，他们就都和夏姬超越了普通男女间的关系，有事没事，都爱往株林跑。

没多久，陈灵公看出了苗头，就将这两位爱卿叫到面前，严

社会风情

楚国人的争风吃醋

公元前 598 年，夏姬被送到楚国。楚庄王想纳她为妃。巫臣说，我们帮陈国解决了难题，这是好事，但你要纳她为妃，这不是授人以话柄吗？传出去会影响大王您的声誉。楚将子反说，那给我吧。巫臣说，这女人有毒啊，她身边的男人一个个都没好下场，不能给你！楚庄王没办法，就说那巫臣你也不能要。于是就赏给了老将连尹襄老。

词讯问，啊，怎么回事，这是？孔宁和仪行父一看，坏了，只好老实交代。

两个人原本以为会被灵公臭骂一顿，没想到，灵公听说他们的新鲜事后，却哈哈大笑说，你们上当了！这样的好事为什么要泄露给我呢？

打这以后，君臣三人有事没事就结伴往株林跑，而且只要去，都是乘坐豪华的车子，一路上浩浩荡荡，无限风光。

君臣三人像吃了迷魂药似的迷上了夏姬，这朝里的大事小事，不用说，就撂下不管了。例如，有一天，周天子派单襄公出使宋国，途经陈国时，单大使在都城里找了老半天，也没找到陈灵公，后来听人一说，才知道他去了株林，于是摇头叹息。

不过，好在陈国人，甭管大臣还是小老百姓都非常本分，大家都不愿意给国君添麻烦，所以，陈灵公的好日子也就一天天地过。

每次从株林回来上朝时，灵公先要与孔宁和仪行父畅谈一番株林的艳事后，才和大家说正事。有一次，君臣三人竟然在朝堂上，拿出夏姬的内衣比比画画，互相调笑。

大臣泄冶实在看不下去，就对灵公说："您作为一国之君，

名臣风骨

孙叔敖的为官心法

孙叔敖是著名政治家、能臣，位高权重。有人问他：通常人有三怨，地位高了，人会嫉妒；官做大了，老板猜疑；钱多了，有人仇富。你准备怎么办？孙叔敖回答：地位越高，越要放低身段；官做得越大，越要小心，尊重老板；钱挣得越多，越要做社会慈善，我这样做，应该可以了吧。

在朝堂上如此公开宣扬自己的艳事，影响恐怕不好啊！”灵公一时哑口无言，只好表示下不为例。

可是，孔宁和仪行父就不这么看了，他们认为，这是干涉了他们的恋爱自由，于是，就在灵公面前直打哈欠，说想除掉这个不识趣儿的。灵公撇撇嘴，只是笑笑，不表态，二人心里有底，决心将异己分子泄冶干掉。

没想到，他们的计划还没有来得及实施呢，就被另一桩血案搅黄了。

却说夏姬的儿子夏征舒，这时候已经是一个十八九岁的大小伙子了，因为夏姬与国君的这层鱼水关系，他自然而然也做了一个不大不小的官儿，爱屋及乌嘛。

这天，夏征舒从屋里出来，远远地就看见灵公、孔宁、仪行父君臣三人，一边一脸坏笑地看着他，一边在眉飞色舞地调笑。仔细一听，原来他们说的正是自己。这个说，嘿嘿，我看夏征舒像国君；那个说，嘿嘿，我看夏征舒像孔宁；这个又说，嘿嘿，我看夏征舒像仪行父。

夏征舒当即羞得是无地自容，小伙子血气方刚啊，噌一声，

典故制度

绝缨之宴

楚庄王设宴款待群臣，席间轻歌曼舞，美酒佳肴，天黑了还未尽兴。楚庄王命人点烛夜宴，还特别让最宠爱的两位美人向文臣武将敬酒。忽然一阵风过，蜡烛全熄灭了。有人趁黑偷偷摸了一下美人，美人反手扯掉那人的帽缨，向庄王告状。楚庄王不予追究，反而让所有人都取下帽缨，君臣尽欢而散。三年后，晋楚交战，有将军拼死赢得胜利。一问，原来就是绝缨宴上无礼之人，为报之前庄王宽厚之恩。

血往上涌，回屋就操起家伙，首先杀掉了陈灵公。

孔宁和仪行父一看，大事不好，脚底抹油，溜之大吉了。并且，陈国他们都不敢待了，一口气溜到了楚国，去找楚庄王大哥寻求政治避难。

孔宁和仪行父喘口气，又向楚庄王一学舌，楚庄王那是心花怒放啊，没几天，就找个借口将陈国灭了。夏征舒被车裂而死，夏姬则被恭恭敬敬地迎接到了楚国。

就这样，在楚国，夏姬又接纳了一长串的崇拜者，计为：楚庄王、大夫申公巫臣、大夫子反、老鳏夫兼大将军襄老、襄老的儿子黑要。

后来，夏姬的铁杆崇拜者——大夫申公巫臣，实在思贤若渴得不行，斗胆与夏姬相约逃到了她娘家——郑国，并结为百年之好，所有混乱的关系，这才宣告结束。在这里，要感谢郑国，感谢大夫申公巫臣。

向历史借智慧

美好的事物不一定要占有

夏姬是春秋历史上最著名的女人之一，也是最有故事的女人。她的一生，被人总结为"三为王后""七为夫人""九为寡妇"，在陈国、在楚国，都惹出了一大堆事情，间接牵扯进来的，还有晋国、吴国，为之人头落地的人，则更数不胜数。今天，我们已经无法对夏姬做出道德评判，但要明白：世间很多美好的事物，我们不一定非要占有不可，欣赏一下也是好的；如果有幸能够占得其一，更要懂得感恩。

邲地之战

南蛮楚国在令尹孙叔敖的治理下，前途一片光明，这无形中助长了楚庄王称霸中原的野心。时任中原霸主的晋成公自然不答应，于是两个人较上了劲儿，这就苦了夹在两头猛兽中间的郑国。

郑襄公头脑清醒，目标现实，谁拳头硬，就认谁作大哥，所以不免朝晋暮楚，这可气坏了楚庄王。

于是，公元前 597 年 3 月，楚庄王大军开到了郑国家门口，不由分说，给郑襄公一顿暴打。

眼看郑国就要亡国，晋成公才磨磨唧唧地派荀林父率领晋国的王牌编制——上、中、下三军去救兄弟。大军还没进郑国家门呢，郑国就来报丧了：亡国了。

荀林父一听，大吃一惊，心想，南蛮的军队训练有素，咱们不一定是他的对手。得了，往回撤吧，反正咱们的心意尽到了，其余的事回头再说。

然而，中军副将先縠不乐意了，豪情万丈地说，面对强敌，

庙堂真相

一战定强弱

霸主地位的得与失，往往只需要一战。公元前 597 年的邲地之战，让晋国遭受重挫，再也不能阻挡南蛮之国楚国的崛起，霸主地位转移到楚国。当然，一战定强弱靠的并不仅仅是运气，更是背后的经营与实力。好比天天不学习的人，给他一考定终身的机会，他也把握不住，只有不及格的份儿。

咱们不战而退，主公的脸往哪儿搁，咱们的脸往哪儿搁？晋国的霸业何在？好好好，你们不敢打，我敢打！

于是他闷声不响，率他的麾下渡过水，准备与楚庄王干仗。荀林父一看，大事不好，就硬着头皮，命令全军渡河，大军磨磨唧唧过了河，准备见机行事。

这边，楚庄王打得顺手，俘虏了郑襄公，正准备再向北推进，大家到黄河边上痛痛快快地洗个澡，听说荀林父要来给大家挠痒痒，一阵哈哈大笑，就有心和他交交手。

这个主意，孙叔敖反对，伍参赞成。伍参说，大王，郑国正看着咱们呢！这么好的机会，不一揽子解决这事，郑襄公这白眼狼回头就翻脸不认人，您信不信？一番话，说得大家心悦诚服。于是，庄王挥师北上，大军开到晋国营盘跟前，就准备掐架。

为了赢得痛快，楚庄王又耍了一个小花招，这晋军领导中不是夙人多，强人少吗？那就派人去添把火。

郑襄公一听，乐了，心想，好啊，您二位不打，咱们还真不乐意。还是老规矩，谁赢了咱服谁，于是就屁颠屁颠派人去说合。

晋军将领一听，各怀心思。先縠等人慷慨激昂，要打；栾书

一句话读历史

李林甫：做官要学立仗马

李林甫是唐玄宗时的宰相，把持朝政十九年之久。此人阴险狡诈，当面称兄弟，背后捅刀子，人送绰号“口蜜腹剑”。曾有人上书言事，暗指李林甫擅权，作威作福。第二天，这人就被贬职了。李林甫对一众官员说：“独不见立仗马乎，终日无声，而饫三品刍豆；一鸣，则黜之矣。”——看见皇宫里的那些仪仗马了吗？只要不叫唤，每天吃的是上等食料；一旦叫唤，就会被扔到军营里去吃苦，乃至杀掉。

非常气愤，说，别呀，明摆着他是来挑拨咱们的；荀林父不吱声。使者回去给楚庄王一学舌，楚庄王乐了，心想，这事只成了一半，再添把火呗，又派自己的亲信去求和。这下荀林父彻底抓狂，失去了判断，既不积极备战，也不准备撤军。

楚庄王等不及了，就派了一批敢死队，冲入晋营，杀了一圈，然后大大咧咧地回营去了。

荀林父一心求和，十分理解南蛮的无礼，便派使者赴楚营谈判。但荀林父受得了，有人却受不了，心想做人不能这么窝囊啊，都被人砍了，我们也得砍回来才是，于是也依葫芦画瓢，组织了一批敢死队，准备冲到楚营去砍杀一圈。

晋国上军主将士会一看，不妙，这非惹急楚庄王不可，于是急忙命人在山口边设伏，以免被楚军打个措手不及。他还劝主将荀林父：大哥，下决心打吧，再不下决心就来不及了。结果被荀林父否决。

果如士会预料的一样，晋军的敢死队一入楚营，顿时捅了马蜂窝，楚庄王大喝一声，亲自率警卫连进行反击。

更麻烦的是，楚军大部队看见晋军方向尘土飞扬，以为晋军

典故制度

东夷南蛮西戎北狄

这些都是中国古代对中原地区之外的少数民族的泛称，史书中常见。东夷指战国时代以前的山东、安徽、江苏一带的少数民族，南蛮指战国时代以前长江中下游及其以南地区的少数民族，西戎指战国时代以前西北地区的少数民族，北狄是指战国时代以前北方的少数民族。

发起了冲锋，紧忙来向孙叔敖报告。孙叔敖吃了一惊，说，完了，大王有危险了。管他是战是和，宁可我负人，不可人负我，当即下令全军出击。

领导人荀林父正翘首盼望着好消息呢，没想到，楚国大军发起了冲锋，一时大惊失色，骂人的工夫也没有了，就下令全军后撤：先渡河的，重重有赏。

号令一出，晋军大乱，纷纷向河边逃命，只有设伏的晋国上军没有跟着起哄。楚军见状大喜，毫不客气地掩杀过来。明摆着寡不敌众，晋国上军也不敢恋战，只好随大流，所幸主将亲自殿后，撤得还算从容，损失不大。

奔逃中，晋国下军大夫荀首回头一看，发现跟在身边的儿子不见了，顿时急红了眼，不顾个人安危，杀入乱军之中，杀得兴起，射死了楚国先锋将领连尹襄老，俘虏了楚公子谷臣。连尹襄老的老婆就是著名的美女夏姬，襄老的死，促成了夏姬和襄老儿子黑要的爱情。

楚军一看，遇见了猛人，于是手下留情，不好意思再穷追猛打。黄昏时分，大军开进晋国大营，开始埋锅做饭，准备欢庆胜利。

典故制度

志在四方

孔子第五代孙孔穿，出游赵国，和邹文、季节成为朋友。后来孔穿要回鲁国，邹文、季节两人一路相送，送了三天，还不舍得分手。临别的时候，邹文、季节竟难过得流下眼泪，而孔穿只躬身向他俩轻轻一揖，就转身而去。同行的人不理解孔穿为什么这样不近人情。孔穿说：起初我以为他们都是大丈夫，想不到他们却如此婆婆妈妈，“人生则有四方之志”，怎么能儿女情长、没完没了地聚在一起呢？

这时候，逃散的争相渡河的晋军，一片混乱。大军退到河边，相互抢夺船只，先上船的，用剑对扒船的一顿乱剁，船中的断指头，就和腊肠似的，到处都是。呼唤声、哀号声彻夜不绝，真是地狱呀。

几天后，楚庄王率军抵达衡雍，祭祀了河神，又造了先君之庙，把打败晋国的事向祖宗做了汇报，这才班师回国。

邲地之战结束了，教训不可谓不惨痛。明知不可战，而无力驾驭跋扈之将，主将少谋寡断，以至于惨败，这也正是晋国即将分裂前的夕阳晚照啊。

向历史借智慧

有一种品质叫果断

危急时刻，最怕犹豫，是战是和、是走是留，都需要在短时间内作出选择。在所有选择中，比选择错误答案还要危险的是：交白卷，哪个选项都不选。人们总以为，难以处理的事情，就让它拖着吧，也许哪天再去看时，难题就会突然没有了。工作的事也这样处理，感情的事也这样处理，久而久之，问题就会像滚雪球一样，越滚越大。

巫臣使吴

要说申公巫臣不得已祭出“驱狼吞虎”的计策来对付楚共王(楚庄王之子)，推演起来，还是株林血案引发的后遗症。

株林血案后，半老徐娘夏姬就在楚国安了家，不用说，她的身后，有事没事都跟着一大票追求者。其中有一个算得上比较有名的读书人，那就是楚国的申公巫臣，简称巫臣。

巫臣无可救药地爱上了夏姬，害单相思眼看就要毙命，出于自救的本能，脑筋这么一转悠，就有了主意。

转天，他斗胆递了一个纸条，暗示夏姬说，这些年，都是一些乌七八糟的人在纠缠您，我负责任地告诉您，只有咱们俩最合适。要办成这事也不难，你只要说回娘家探亲，谁也不会拦您，咱们就在您娘家见面。

申公巫臣谁呀？人才呀。在楚国这些年，夏姬早有耳闻哪。于是，一个有情，一个有意，事儿一拍即合。转天，夏姬回了娘家——郑国，巫臣也找个借口，出了一趟差，大踏步转到准岳父家里，

一句话读历史

乾隆：不过以倡优蓄之

内阁大学士尹壮图向乾隆皇帝指出各地官员贪污腐化、百姓怨声载道的事实，惹恼了乾隆，被判处斩。纪晓岚为之求情，乾隆大怒，骂他：“朕以你文学优长，故使领四库书，实不过以倡优蓄之，尔何妄谈国事！”——我是看你在文学方面有点造诣，才让你做了《四库全书》的总编辑，又给你高官厚禄，其实你在我眼中，只是个被蓄养的倡伎优伶，你居然敢跟我谈国事！

两个人见了面。

准岳父郑穆公当时就为巫臣的精神感动了，三个字：我看行。都是过来人了，谁也甭客气，于是二人幸福地生活在了一起。

但是，不要忘了，这种婚姻在本质上还是私奔，家长楚共王这时候还是诸侯国霸主，为了避免被带回国，于是，二人向楚共王的冤家对头——晋成公递交了申请：寻求政治避难。

晋成公一看大喜，申公巫臣谁呀，人才呀，唯楚有才，晋实用之，当即挽留，拜为上卿。

安顿下来以后，巫臣又恭恭敬敬地给前家长楚共王写了一封道歉信，大意是说：我现在才发现，我是一个爱情至上的人。眼下，我和我妻子在晋国过得挺好的，请不要牵挂。您派给我的任务，我已经不可能完成了，您另请高明吧。祝您身体健康。

不难想象，楚共王接到书信一看，是怎样的暴跳如雷。老实说，自己家里出了一个叛逃分子倒是其次的，最主要的一点是，夏姬与一个心术不正的追求者的贸然结合，严重地伤害了其他追求者纯洁的感情。

这时候，夏姬的追求者公子婴齐、公子侧（即“子反”）都

一句话读历史

杨侗：愿下辈子不要投胎到帝王家

杨侗是隋炀帝杨广的亲孙子。618 年，杨广在江都（今扬州）被杀，留守东都洛阳的杨侗，被王世充立为皇帝。名为皇帝，实是傀儡。没多久，王世充想自己当皇帝，强迫杨侗禅让，又毒杀了杨侗。杨侗才十五六岁，死前想见母亲一面都不被允许，他许愿说：“愿自今已往，不复生帝王家！”——愿从今以后，不要再投胎到帝王之家！

义愤填膺，说：大王，您看这事怎么办吧？楚共王咬牙切齿地说：还能怎么办？你们想怎么办就怎么办。

有了这句话，事情就好办了。转天，愤怒的公子婴齐和公子侧将巫臣全家都咔嚓了。

噩耗传来，从来不流一滴眼泪的巫臣，哭得口吐鲜血，昏迷不醒。他醒来后的第一件事，就是给公子婴齐和公子侧发了一份照会，大意是说：谢谢你们的好意，我负责任地发誓，在我的有生之年，一定要让你们马不停蹄地在路上奔跑，天天有仗打，年年有仗打，今天去东边救火，明天去西边救火，总而言之，不是在救火现场，就是在去救火的路上。快去练长跑吧！

不用说，这封信可把情敌公子婴齐和公子侧吓坏了，他们哪还敢让楚共王知道啊，蔫不唧地掖起来，假装没收到。

巫臣这边呢，也不含糊，洗把脸，就为晋成公献上一个“驱狼吞虎”的计策，简单地说，就是请求和野蛮的吴国交好，再训练他们，让他们在楚国背后放冷枪，晋国自己则在西边打楚共王的冷枪，时间长了，谁也受不了，任他天王老子也得累散架。

晋成公一听，大喜，当即敦促巫臣将计划付诸实施。转天，

野史秘闻

貌丑的妃子

别以为皇帝的老婆妃子就很漂亮，历史上貌丑的还不少。齐宣王王后钟无艳为中国古代四大丑女之一；晋武帝妃子左芬“姿陋无宠”；晋惠帝皇后贾南风奇丑无比；十国中闽嗣王夫人崔氏“貌陋而淫”；辽圣宗皇后萧褥斤黑得不行……

巫臣带着自己的儿子孤庸和三十辆晋国战车，闷声不响地到达吴国，将这个计策在吴王寿梦面前抖出来，寿梦大喜，早先楚国没少欺负咱，早想报仇了，当即答应照办。

巫臣就留下自己儿子孤庸做人质，又留下十五辆战车及射手和车把式，帮助吴国训练部队，教他们使用战车，排兵布阵。不用说，从此以后，吴国以极快的速度强大起来。

转天，寿梦牛刀小试，在楚国边境放了一通冷枪，将楚国在东方的属国一个个收为己有。另一边，晋国也不闲着，动不动就迎头骚扰一下楚国。打这以后，公子婴齐和公子侧就没有安生日子了，据不完全统计，有时候一年之中，他们要去东跑西跑，救火达七次之多。

最后，正如巫臣预言的，两位公子，一个因无法忍受救火的日子而自杀，一个被彻底累趴下。

向历史借智慧

别去激怒热恋中的人

巫臣纵有千般狡猾和不是，楚国也没必要跟他太过不去，毕竟，他和夏姬私奔，只是一个较为复杂的爱情故事而已。但楚国人咽不下这口气，杀了巫臣全家，逼得这个热恋中的男人发狠，巫臣也突然变得浑身每个毛孔都是计谋，从而给楚国带去更大的灾难。生物学也告诉我们，热恋中的人一旦被激怒，很容易失去理智，变得发疯发狂。

鄢陵之战

楚庄王去世后，儿子楚共王继位。楚共王没有他老子那样的手腕，于是乎，楚国的霸主地位也开始岌岌可危。

这时候，轮到郑成公扬眉吐气了。他经过好几次挑选后，正式指定晋厉公做自己的大哥。楚共王丢不起这个人，转天，将大块的地盘划到郑成公的账户中，郑成公便笑眯眯地和晋厉公说拜拜了。

晋厉公心想，想要我？他气坏了，不由分说，就要教训教训郑成公，他派人去卫国、齐国、鲁国寻求国际援助。郑成公也不含糊，转头就向新认的大哥楚共王告急。

楚共王一看，这哪成啊，就点兵起将，亲自带着三军人马，去会会晋厉公。于是，两军在郑国的地盘——鄢陵一带，摆开阵势。

第二天，是六月甲午大尽之日，卜书上叫作晦日，即不吉不利之日，按规矩，不可征伐，不可婚丧嫁娶，于是，晋军主帅传令：自由活动一天。没想到，天还没亮，就听见战鼓声声，人沸马嘶。

庙堂真相

战争列阵的学问

千万别以为打仗就是几万人起哄着往前冲，凡事，一招一式都有学问。战争的学问，不只是奇谋诡计那些，还包括怎么列阵。兵法上讲方阵、圆阵、疏阵、锥形阵、雁形阵等，每阵各有巧妙，讲究人员和装备的配合、攻击与防御的转化。一般来说，不列好阵，是打不好仗的，所以鄢陵之战中，楚军来攻，晋国人会为没地方列阵而发愁。

晋军将士吃了一惊，一打听，坏了。原来，南人和中原的风俗不一样，不迷信这个邪，知道您今天没准备，就趁着大雾，摸到了你眼皮子底下，排兵布阵来了。南人为什么这么着急呀？原来，他们怕齐、鲁、宋、卫的联军赶到，心里没底，就想速战速决。

晋军将士又惊又气，骂人的工夫都省了，赶紧商量对策。您看啊，咱们营寨前就是烂泥塘，南人太歹毒了，连个还手的地儿都没给咱留，这可怎么办哪？

诸将纷纷议论，有说挑选精锐部队突围的，有说移兵后退的，有说要固守待援的，有说要迎战的。晋厉公是个痛快人，主张迎战。

但是，阵都没处列，怎么个战法？这时候，元帅士燮的小儿子士匄献计说：咱们先牢牢把住营门，暗暗将锅灶铲平，再把水井用木板盖上，不用半个时辰，就能腾出个地儿。等列阵完了，再掘开营垒作为战道，南人能把咱们怎么样？

士匄的老子就骂士匄添乱，可晋厉公不这么看，很高兴，好一番夸奖，吩咐照办。楚军见对手营盘里都能列阵，不敢小觑。当天，两军各自坚守营垒，相持不战。

第二天五更鼓响过，两军各自击鼓进军。这时候，有个原籍

典故制度

蜀犬吠日

四川盆地群山环绕，空气潮湿，天空多云多雾，很少见到阳光，“天无三日晴”，所以偶尔出太阳了，当地的狗没见过，以为天上出了怪物，狂叫不已。“蜀犬吠日，比人所见甚稀”，即讽刺人少见多怪。典出唐朝柳宗元《答韦中立论师道书》一文：“仆往闻庸、蜀之南，恒雨少日，日出则犬吠。”——我过去听说庸、蜀以南，下雨多，出太阳少，狗见到太阳就叫个不停。

楚国、熟悉楚国国情的将领向晋厉公提供情报：楚军的精锐是中军，左右都是杂牌军。晋厉公大喜，当即传令：就这么办，先攻左、右两军，后攻中军。

混乱中，晋厉公的车子陷在淤泥之中，楚共王的儿子熊茂，少年好勇，见了大喜，眼里只见羊不见狼，莽撞地就来取厉公的性命，不料边上杀出个晋中军元帅栾书，反把熊茂活捉了。

楚军见熊茂有闪失，一齐来救，但被晋军死命挡住，楚兵看看讨不到好处，先收兵回营了。晋兵也不追赶，各自归寨。胜负未分，约定来日再战。

第三天，两军对阵，战了没有几个回合，晋兵推出一辆囚车。楚共王见是儿子熊茂，气得七窍生烟，忙叫车把式打马上前，来抢囚车。

晋军将领魏锜瞅个机会，往楚共王的左眼睛上来了一箭，楚共王疼得差点没背过气去，忍痛一拽，眼珠子都给拔出来了。晋兵见魏锜得手，一齐杀上来。

楚军拼死拒敌，救出了楚共王。

愤怒中，楚共王叫人找来神射手养由基，给他两支箭，让养

一句话读历史

刘玉娘：我有天命在身

五代乱世，后唐皇后刘玉娘，出身贫苦，对钱财看得特别重。大臣们请她拿钱出来赏赐兵士，她只说没钱，催得急了，就拉出自己的两个孩子，让大臣们带去卖了。叛军即将打到首都，刘玉娘一点也不着急，说："吾夫妇得天下，虽因武功，盖亦有天命。命既在天，人如我何！"——我们夫妇俩能得天下，虽然有我们打仗厉害的因素，到底还是因为有天命在身，天让我们做皇帝，叛军又能拿我们如何！结果自然是被灭了。

由基为他报仇。养由基得令，找到绿袍大胡子魏锜，照准他脑袋就是一箭，射中了魏锜的颈项，魏一命呜呼。

这边晋兵对楚军步步紧逼，养由基弯弓搭箭，立在阵前，点哪儿射哪儿，一射一个准，晋兵害怕了，不敢再紧逼。这样混战一场，双方又收兵回营了。

晚上，楚王听说鲁、卫两国的援军快到了，就二十里左右了，大吃一惊，急忙命人叫元帅公子侧来商量对策。谁知公子侧私自违反军令，喝得烂醉如泥，叫不应，扶不起。楚共王一看，大事不好，心一横，秘密传令：连夜撤军。

路上，公子侧的酒终于醒了，一看，事闹大了，心里害怕，就自杀了。

鄢陵之战，是晋楚争霸战争中继城濮之战、邲之战后的第三次大战，也是两军主力军队最后一次会战。楚军鄢陵之战失败，标志着楚国的霸业已经日薄西山了。

向历史借智慧

一件坏事会引发一堆坏结果

如同一件好事会引发一系列好结果一样，一件坏事会引发一堆坏结果。鄢陵之战，正是夏姬事件引发的一系列恶果之一，这一战，楚国大败，直接参与诛杀巫臣全家的公子侧，战后畏罪自杀。这个事件最大的坏结果就是，楚国的霸业开始衰落。所以古人说，勿以善小而不为，勿以恶小而为之。做坏事不可怕，可怕的是接连而来的一串后果，你不能承受。

学习笔记

第五章　吴越谁雄

巫臣的一连串动作，几乎拖垮了一个庞大的霸权国家楚国，并使得吴国渐渐走上春秋争霸的舞台。

公元前522年，另一个楚国人伍子胥的到来，使一个强大的吴国不可阻挡地崛起了，也由此掀开了南方霸主之战的帷幕。伍子胥是个推手，他举荐刺客专诸把阖闾推上王位，举荐军事天才孙武使阖闾灭楚。吴国威震天下，霸主之位触手可及。

但事无圆满，不起眼的越国却在它手上咬了一口，吴王阖闾临死前，命令儿子夫差要与越国不共戴天。夫差对越国的仇恨深入骨髓，埋头苦干，终于灭掉越国。于是，历史上最伶俐的越王勾践上场。他以做夫差的奴仆和尝粪便为代价，挽回了越国的生命。又经过十多年的自虐和苦心经营，越国东山再起，灭掉了吴国。吴越争霸以越国笑到最后而结束。

东周上集“春秋时代”，也在吴越争霸最激烈的时候悄然落幕。

伍子胥出关

楚平王想把太子建废掉，另立他人，就和太子少师费无极一合计，转天，给太子建和太子的班主任伍奢的头上扣了顶“蓄意谋反”的帽子。结果是，太子建跑了，伍奢被杀，伍奢的大儿子当了太子建的替死鬼。伍奢的小儿子伍子胥大哭一场，发誓此仇不报非君子，转眼间，带着太子建的儿子公子胜跑了。

楚平王得知伍子胥溜了，寝食难安。他料定伍子胥跑不多远，就让人画了伍子胥的画像，贴在楚国各地的城门口，悬赏捉拿伍子胥。

伍子胥决定去吴国，为什么选择吴国呢？因为，吴王僚经常和楚国、越国干仗，练就了一身好本领。伍子胥觉得凭自己的才华，一定能够得到吴王僚的重用，然后嘛，这报仇雪恨的事就有指望了。

一路上，两人的凄苦自不必说，当好不容易来到昭关时，凄苦已不能解决问题。昭关设在两山并峙的地方，中间开一个路口，是往来庐州和濠州的交通要冲。出了这座关口，不远处就是长江，

庙堂真相

上错花轿入错洞房

前 526 年，楚平王为自己的儿子聘下秦国公主，不料秦女被迎回来后，平王一看，很漂亮，就把儿子支到外地去，自己做了新郎。这可怜的儿子就是太子建。为了彻底解决这一荒唐事件，平王在费无极的帮助下，诬太子建和伍奢谋反，太子建逃走，伍奢被杀。正是这件事，促成了伍子胥的出逃。

可以从水路直下吴国。

这里山势险峻，原来就有官兵把守，近来因为要着重通缉伍子胥，楚平王又特地派人带领大军在这里驻扎，守株待兔。

伍子胥实在没辙，只好硬着头皮往前走，希望奇迹出现。这一天，他们走到历阳山，离昭关大约还有六十里路，就藏在树林里休息，犹豫了半天，不敢再往前走了。正在纠结时，不巧，伍子胥被一个路过的白胡子老头认了出来。

伍子胥大吃一惊，扯着公子胜就要跑。老头笑眯眯地说，您别害怕，您的事我都听说了，为您抱不平都来不及呢，哪还敢害您哪。小老儿我是内科专家扁鹊的徒弟，人称东皋公，如果您不嫌弃，小老儿我就先帮您躲起来，慢慢地再想办法，渡过这个难关。

伍子胥一听，大喜过望，就和东皋公来到密林深处的几间茅草屋里，安顿下来。

住了没两天，伍子胥又犯愁了，躲在这里，吃饭睡觉倒是解决了，可是，出关的法子呢？连个影子都没有，这样拖下去，迟早要误大事的啊。

好多次，伍子胥非常腼腆地问，有什么办法可以帮助我们俩

社会风情

婚姻六礼

“婚姻六礼”是婚姻成立的必要条件和必经程序，主要有六个步骤。纳采：男家请媒人向女方提亲。问名：女方答应议婚后男方请媒人问女子名字、生辰等，并卜于祖庙以定凶吉。纳吉：卜得吉兆后即与女方订婚。纳征：又称纳币，男方送聘礼到女方家。请期：男方携礼至女方家商定婚期。亲迎：婚期之日男方迎娶女子至家。

顺利过关吗？白胡子老头不紧不慢地说，再等几天，到时候自有办法，弄得伍子胥都不好意思再开口逼问人家了。

到这里，不难想象，伍子胥是茶饭不思，彻夜难眠哪。

这天一大早，伍子胥敲开了白胡子老头的房门，准备告辞，另往他处，设法出关。两个人一照面，东皋公大吃一惊，差点儿没认出伍子胥来。愣了一秒钟，东皋公又大笑起来，连连恭喜伍子胥。

伍子胥被弄得晕头转向。东皋公便取来一面破镜子，让他自己瞧瞧。伍子胥一看之下，大哭起来。原来这几天，由于思虑过度，竟然连胡子、眉毛和头发都愁白了。

伍子胥这个伤心啊，心想，大仇未报，就被命运糟践成这副德行，这教人怎么活呀。东皋公笑眯眯地说，别介意，有失有得嘛，这样，谁还认得出您啊？这么一开导，伍子胥才破涕为笑。

有了这个突如其来的变化之后，东皋公又联系上自己的老朋友皇甫讷，皇甫讷长得有点像伍子胥。于是，三个人一合计，这么这么办，这计策就成了。

转天，皇甫讷、伍子胥和公子胜乔装了一番后，来到昭关城

典故制度

三年不雨

古人对大自然认识有限，把自然灾害都归因为人世间做了错事，所以老天爷施以惩罚。汉代时有个守寡的女人窦氏，虽然日子艰难，但她赡养婆婆非常恭顺，是个孝妇。婆婆担心自己拖累了儿媳，于是上吊自尽，以解脱窦氏身上的重担。然而，窦氏的小姑却诬告窦氏杀了婆婆，郡守不察真相，判决处死窦氏。因为这个冤案，该地连续干旱三年。这就是“三年不雨”的故事。

门口，皇甫讷先是乖乖地让守关者给抓了。大家一起哄，白胡子老头伍子胥和公子胜就趁乱溜了出去。

没一个时辰，知名人士东皋公就来认领朋友皇甫讷了。

守关者一看，抓错人了，非常气愤，心有不甘，但是不便为难社会贤达，只好吩咐放人。这一招就叫“金蝉脱壳”。

伍子胥等人顺利地蒙混过关后，一路上，又得到几个贵人相助，这才顺利抵达了自己心目中的圣地——吴都。

再后来，伍子胥在吴王阖闾的帮助下，攻陷了母亲国的都城。不巧的是，这时候，楚平王去世了，提前退出了游戏。伍子胥非常不忿，将他的尸体从棺材里拖出来，抽了一百鞭子，兑现了自己当初的誓言，故事这才结束。

向历史借智慧

坚强忍耐成就事业

“白发三千丈，缘愁似个长。”这是后世诗人李白的名句。本来因愁而白了头，不过是诗人的夸张，但伍子胥的故事告诉我们，原来还真有一夜愁白了头的。从伍子胥的出走、逃难到最后成事，都可以看出坚强、忍耐的力量。正如孔子说的：士不可以不弘毅，任重而道远。路漫漫，其修远，我们不能不坚强！

专诸刺王僚

吴王诸樊有三个弟弟：大的叫余祭，中间这个叫余昧，小的叫季子札。诸樊知道季子札贤明，就不立太子，想依照兄弟的次序把王位传下去，最后，把王位传给季子札。

诸樊死后，王位传给了余祭。余祭死后，王位传给了余昧。余昧死后，本该传给季子札，可是人家季子札不愿意享受这个荣华富贵，跑到国外躲起来了，于是，大臣们改立他的儿子——僚为国君。

这就惹恼了一个人——诸樊的大儿子公子光。公子光的理由非常简单明了：如果按兄弟的次序，季子札当立；如果一定要传给儿子的话，那么我才是真正的嫡子，应当立我为君。所以，打这以后，他就秘密地供养一些高级知识分子，以便日后派上大用场。

在这群高级知识分子中，就有伍子胥一个。没几天，伍子胥得知公子光另有崇高的目标，于是将自己的草根朋友——猛人专诸，介绍给了公子光。

典故制度

雪神和风神

神话中雪神名滕六，风神名巽二。生活中，风和雪总是一块儿出现，所以诗句里常说"向来巽二拉滕六"。野史载，唐朝官员萧志忠准备去打猎，山上的兽类害怕，向九冥使者求救，使者给它们出主意："若令滕六降雪，巽二起风，萧使君不复出矣。"只要风神和雪神出手，萧志忠也就没法打猎了。第二天，果然风雪大作。

原来，专诸是屠户出身，生的是目深口大，虎背熊腰，孔武有力，而且对自己的母亲非常孝顺，是当地有名的孝子。公子光了解这些情况后，非常高兴，对他也非常哥儿们。

在这里，注意了，其实，伍子胥向公子光推荐猛人专诸，还有更深层的原因。原来，伍子胥初到吴国时，准备借吴王僚的拳头为自己报仇雪恨，于是向吴王僚说了一番“联齐伐楚”的好处，可是，人家吴王僚的智商非常高，撇撇嘴说，你不过是想公报私仇罢了，不干。不得已，伍子胥转而把理想押在了公子光身上。

好了，公子光这边呢，出谋划策的有了，愿意赴汤蹈火的也有了，就差一个机会。唉，老天可怜咱，不久，机会就来了。

这一年，楚平王死了。趁楚国大办丧事的时候，吴王僚派他的两个弟弟率领军队去打楚国，准备捞点外快。又派延陵季子到晋国坐镇，观察国际形势，看看对吴国有没有威胁。

公子光一看，心想机会来了啊，大喜，对专诸说，这个事全拜托给哥哥您了。专诸说，公子您对我这么好，这事不办成，我也不好意思再混下去了。您也看见了，吴王僚也不是省油的灯，平时多谨慎啊，上个厕所，后面都跟一大帮子护卫，我怕出这趟差，

一句话读历史

元载妻：死也值了

唐代宗时期的宰相元载，是古代著名贪官。任何人想要做官或者是升迁，必须通过元载这一关。他说行你就行，他说不行，你能力再强也没用。元载因此贪污无数。元载的妻子叫王韫秀，是太原节度使王忠嗣的女儿，元载倒台后，王韫秀被罚为宫奴。王韫秀轻蔑地说了句：“二十年太原节度使女，十六年宰相妻……死亦幸矣。”——前二十年是节度使的宝贝女，后十六年是宰相夫人，死也值了。于是自杀。

基本就没有回来的可能了，只是我家的小子和母亲，您一定多费点心。

公子光一听，太够哥儿们了，感动得眼泪都下来了，给专诸磕了几个响头，全都答应了。转头又和伍子胥几个人一商量，事情就这么定了。

公元前515年的一天，公子光在自己大宅子的地下室里，埋伏下了一批死士。地面上的华堂里，则备下酒席，准备宴请吴王僚。

自家人请客，哪有不去的道理？于是吴王僚派出卫队，从王宫一直排列到公子光的家里，门窗、台阶两旁，都是吴王僚的亲信，夹道站立的侍卫都举着长矛、大刀。

酒过三巡，公子光假托脚有毛病，去换双鞋就来。他摸进地下室，让专诸把淬毒的匕首——“鱼肠剑”塞进烤鱼的肚子里，然后用托盘把鱼献上去。

到了吴王僚跟前，专诸掰开烤鱼，拿起鱼肠剑，废话没有，照准吴王僚的要害部位就是一下！专诸是什么身手？吴王僚又是什么身手？不用说，吴王僚没等反应过来，就当场毙命了。

吴王的侍卫一看，有刺客，这还了得！呼啦一下拥过来，将

名臣风骨

文人典范，将中奇才，谋士楷模

《幼学琼林》总结了一句话：“韩柳欧苏，固文人之最著；起翦颇牧，乃武将之多奇。孙膑吴起，将略堪夸；穰苴尉缭，兵机莫测。”说的就是历史上的文人典范、将中奇才、谋士楷模。韩愈、柳宗元、欧阳修、苏轼等唐宋名人，是文人中的典范人物；白起、王翦、廉颇、李牧等战国名将，是武将中的奇才；孙膑和吴起，谋略一流；穰苴、尉缭，是兵法大家，兵机莫测。

专诸团团围住。专诸大吼一声，力敌众人，但寡不敌众，转眼间，被剁为烂泥。

这时候，公子光埋伏的武士趁乱杀出来，双方一场混战，吴王僚的护卫部队全军覆灭。

打扫战场后，没几个时辰，公子光宣布自立为王！咱们叫他吴王阖闾。等延陵季子几个知道这个消息时，木已成舟。几个人倒也识趣，丢下军队，到国外寻求政治避难去了。

随后，吴王阖闾封专诸的儿子为上卿，并悉心赡养他的母亲，又将鱼肠剑函封，找个秘密的地方存起来了。天下的猛人们没了这奇门兵器，刺杀国君的事也少了一半，吴王阖闾这才有幸成就了后来的霸业。

向历史借智慧

把每一天当成最后一天

政变与战争，制造了很多意外死亡，战争开始前，将士们对于死亡已经有了心理预期，但政变呢？局中人谁能料到政变会在某一天突然发生，然后夺去一些人的生命？这个时候，今天的一种人生观“把每一天都当成人生的最后一天”，倒是非常适合送给他们了。把每一天都当成人生的最后一天，我们只能抓紧时间做有限的一些事，做最想去做的一些事情，因为做的每一件事都很重要，所以每一天也会过得很充实，很有意义。

伍子胥鞭尸

高级知识分子伍子胥的雇佣军——吴王阖闾的部队攻陷楚国都城郢都，没想到却让楚昭王和大臣们溜了，复仇的铁拳砸在了棉絮上，不用说，伍子胥的心里空落落的。

于是，他提议，让胜利者住进楚国大臣们的家里，以便和他们的大老婆小老婆、大女儿小女儿增进感情。吴国官兵一听，心花怒放。

这样做了，伍子胥的心里依旧觉得空落落的，接着，他敦促阖闾将楚国人的宗庙全部拆毁，将他们的祖宗牌位当柴火烧，做了中午饭。

做了这些后，伍子胥心里依旧是空落落的。于是，他预备想更多的方法，来弥补心里的失落。转天，阖闾在楚王的俱乐部——章华台上大宴群臣。就在大家喝得酒酣耳热之际，伍子胥忽然大哭起来。阖闾被他哭得惊魂不定，说：爱卿啊，如今你大仇已报，还有什么不痛快的呢？

名臣风骨

历史上威力最猛的哭泣

传说中孟姜女哭功厉害，她在长城边一哭，长城都倒塌了一截。但早她几百年时，有一个叫申包胥的人，哭功比孟姜女更厉害，他以哭拯救了奄奄一息的楚国。眼看伍子胥就要灭掉楚国了，申包胥就跑到秦国，在秦王面前放声大哭，日夜不停，既不吃饭也不休息睡觉，水也不喝一口，一连哭了七天。秦王被打动了，发兵救楚。这就是申包胥哭秦庭的故事。

伍子胥一边泪哗哗地淌，一边说，没有人懂得我此刻的感受。眼下，楚平王那个老东西已经死了，昭王那个小子又逃跑了，我的深仇大恨还没报到万分之一呢。

阖闾说：依您说，您想怎么样呢？伍子胥目露凶光，说：我早就想好了，请求大王允许我挖开平王那老东西的坟墓，打开他的棺材，砍下他的脑袋，这样或许能够减少我心里头的一点点仇恨。

阖闾听了，哈哈大笑，说：这有什么难的，没问题啊。这些年来，如果不是您一路上为我出工出力，我阖闾也不会在这千里之外，在楚王的俱乐部里喝酒啊。您爱怎么办就怎么办吧。

伍子胥听到这句话，心里就踏实多了。转天，他打听到平王的坟墓在东门外的寥台湖一带，就领人赶到那里实地调研。

只见这里衰草连天，湖水茫茫，哪里有半点王坟的影子。伍子胥又派人四处寻找，还是不见踪影，于是禁不住悲从中来，捶着胸膛，望着天，向老天爷求助：老天啊！你咋这么不懂我的心呢？

话音刚落，有个士兵带着个老头儿来见伍子胥。

老头儿作了个揖，问道：将军为什么要找平王的坟墓呢？

伍子胥泪眼婆娑地说，我伍某人这次不远千里而来，就是为

社会风情

千金小姐

据传伍子胥逃亡时得到一位少女的帮助，伍子胥告诫少女，不要说曾与自己见面，少女为免走漏消息，投江自尽。伍子胥为此感伤不已，在石上血书：“十年之后，千金报德。”后来伍子胥领兵攻入楚国首都，特地在少女自尽的江边为其塑黄金像。所以“千金”就成了对未婚女子的敬称。

了找他报仇雪恨的啊。

老头儿“哦”了一声说，您可能还不知道吧，平王自知仇人多，唯恐有人挖掘他的坟墓，因此让人把他的棺椁埋在湖底下了。将军要想找到他的棺材，必须抽干湖水才行啊。

老头儿又登上寥台，向伍子胥指明埋棺材的地方。伍子胥大喜过望，泪水一下子就跑光了，就派水性好的士兵扎猛子下去寻找。不一会儿，士兵上来报告，在湖底下果然摸到了一个大石垛子。

于是，伍子胥又命令士兵，每人背来一袋沙子，在大石垛子四周造了个围堰，洗脸盆、洗脚盆一起上，舀干了围堰里的水，凿开石头，果然发现了一口棺材，分量还特别重，打开一看，里面放着楚王的衣冠和几百斤精铁。

老头儿说，这是个疑棺，真棺材还在下面呢。于是再往下挖，在石板底下果然又发现了一口棺材。

伍子胥下令劈开棺木，就见水银里面，一具尸体完好无损。伍子胥一看，嚯，果然是平王的尸体，顿时大怒，就教人拽出尸体，摊在棺材板上，他自己举起手里的九节铜鞭，照着尸体就来了三百下，不用说，打得尸体肉烂骨折。

典故制度

三令五申

孙武到吴国找工作，吴王想试试孙武的军事才能，就将一百多名宫女交给孙武操练。孙武将宫女分作两队，让吴王的两个宠姬当队长。交代完后，孙武命击鼓传令，结果宫女们不当回事，队伍乱成一片。孙武再一次下令，宫女们仍只觉得好玩，根本不听命令。孙武说既已三令五申而不听令，这是头领之罪，下令将两名队长处死。这时再重新操练宫女，没人敢不听号令了。吴王用孙武为将，吴国很快称霸。

随后，伍子胥踩着尸体的肚子，剜出大仇人的眼珠子，搁在手里，两眼相对，责骂道：老东西，你活着的时候，白长了一对眼珠，不辨忠奸，要它有什么用？你活着的时候，我伍某人不能杀你，你死后，我也教你的魂儿没个落脚的地方！

骂完了，也累了，伍子胥最后命人把尸体的脑袋砍下来，毁了棺木，和尸骨一起丢在荒野上。

等忙完了，伍子胥忽然想起了一个问题，就问老头儿说：您是怎么知道这个地方的呢？而且真棺疑棺也门儿清，难道说……

老头儿急忙说：启奏大将军，小老儿不是别人，乃是当年修这座墓的石匠。从前暴君命令我们五十多个石匠砌造疑棺，砌成之后，怕我们把秘密泄露出去，就把石匠们都杀死了，只有我侥幸逃脱。眼下，听说将军在找暴君的棺材，咱也想沾点小光，为冤死的同伴们报仇，所以我就来了。

伍子胥听了，非常高兴，空落落的心也踏实了不少。等回到招待所，就命人拿出好些个银两和布匹赏了老头儿，这才完事。

向历史借智慧

向自己伤害过的人说声对不起

有多大的伤害，就有多深的仇恨。一位著名作家说了一件他女儿的事，很是让人感动。恋爱中的女儿被男朋友甩了后，感到很痛苦。她想起以前自己也甩过一个男朋友，他被甩时一定也很痛苦吧？于是，女儿就找到前男友，为当年的事情向他道歉。恋爱的事情，失恋再恋是常事，从来只见新人笑，有谁听见旧人哭？只有当自己也感受到那种被伤害的滋味时，才懂得伤害别人时的不是。

阖闾之死

吴王阖闾打败楚国，一时威震中原，感觉非常良好。回到国内，人一消停，不免回忆起许多前尘往事。一天，阖闾猛然想起，当初，越国曾帮着自己的弟弟打过自己，就转头和伍子胥商量，准备教训教训越国。伍子胥一听，说这不太好吧，好不容易给劝住了。

没过几天，阖闾听说老越王死了，新王勾践刚刚继位，于是旧话重提，就想趁越国大办丧事的时候，讨伐越国。这次阖闾是铁了心，任伍子胥怎么劝，他只当作没听见。

说干就干。转天，阖闾留伍子胥看家，自己带着一队人马，出了南门，向越国进发。

越王勾践这会儿正哭得伤心呢，听说阖闾要来找碴，大骂：这老东西，太没礼貌了。当下拜诸稽郢为大将，自己也亲自出马，率兵来会阖闾。

两军在檇李遭遇，相距十里，各自安营扎寨。第二天，两军对阵，打了几个回合，不分胜负。阖闾大怒，率全部人马排开一个阵势，

庙堂真相

老英雄死于新少侠之手

从公元前 506 年攻入楚国都城算起，到吴越檇李之战，又是十年，久经沙场的老英雄阖闾，却意外败于新少侠勾践之手，而且不久就因伤去世，真是令人感慨！历史的舞台要交给下一代新人吴王夫差和越王勾践了，接下来将是他们的时代。江山代有才人出，各领风骚数十年，每个人都应该好好珍惜属于自己的时代啊！

只等越兵稍有懈怠，然后乘机掩杀。

越王勾践望见吴军队伍整齐，衣甲鲜明，心里犯了愁，就对诸稽郢说：我看，吴军士气正旺，硬干咱们肯定不是对手，必须智取才行啊。

诸稽郢撇撇嘴说，老规矩呗。勾践会意，于是组织了一支庞大的敢死队，左边五百人拿着长枪，右边五百人拿着大戟，一声呐喊，杀奔吴军。

吴军全不理会，眼皮儿都不眨一下，只用强弓硬弩放箭。吴军的阵像铜墙铁壁一般，越兵一连三次冲锋，都奈何不了，只得退回本阵。

一招不灵，勾践更犯愁了。诸稽郢就偷偷对他说：大王，您忘了，咱们还有秘密武器呀！勾践顿时恍然大悟。

转眼间，勾践把准备戴罪立功的死刑犯，全部集中起来。总共有三百人，分为三行，全脱了上衣，每人脖子下面挂一把剑，一步步走到吴军阵前。

就见领头的一个对阖闾忏悔说：我家大王不自量力，得罪了贵国，让贵国跑这么远的道来讨说法，我家大王非常过意不去，

典故制度

美俗曰仁里，恶俗曰互乡。里名胜母，曾子不入；邑号朝歌，墨翟回车。

美俗，即风俗淳厚的乡里。互乡，交相为恶之乡。古代有个地方叫“胜母”，孔子的弟子曾参以孝闻名，他路过此地，认为“胜母”名字不好，所以绕道而行。墨翟即墨子，墨家的代表人物，主张节约，反对铺张浪费。墨子经过卫国，听说前方是商朝的旧都朝歌，认为这是奢靡之地，不祥，于是掉转车头而去。

我们愿意以死来替越王谢罪。

说完，一个接一个用剑抹了脖子，顿时尸横遍地，血流满沟。

吴兵哪里见过这阵势，都睁大眼睛，交头接耳起来。这时候，忽听越军阵中鼓声大震，千余人的先锋敢死队，个个手持刀剑盾牌，呼啸着杀过来了。吴兵措手不及，一下子就被冲乱了阵脚。

说时迟那时快，勾践手一挥，越军全力出击，乘势攻入了吴军的大阵。混乱中，越军的猛将灵姑浮举着大刀见人就砍，一抬眼，正好撞上吴王阖闾，抡刀便砍。

阖闾往后一闪，不料刀砍在他右脚上，大脚趾一下被砍了下来，一只鞋也掉在地上。吴军见国王受了伤，情势紧急，赶紧拼死拼活地来救，总算把阖闾救了下来。吴军不敢恋战，急忙传令收兵。勾践岂肯善罢甘休，一通追杀，吴兵死伤过半。

出师不利，阖闾也受了伤，这仗是没法打了，吴军将领们一合计，当即下令撤兵。大军还没走出六七里地，吴王阖闾连急带气，带疼，大叫一声，一命呜呼了。

吴王阖闾去世后，儿子夫差即位。转天，夫差请阴阳先生看完风水，决定把父亲阖闾安葬在破楚门外的海涌山。于是他召集

典故制度

吴牛喘月

吴地（江淮一带）天气炎热，当地的水牛都怕热，见到月亮，以为是太阳又出来了，吓得不停喘气，一副热得受不了的模样。因此“吴牛喘月，笑人畏惧过甚”，即讽刺人因疑心而害怕。晋武帝时，有一个叫满奋的人，怕风。满奋见武帝，在透明窗户的屋子里就座，屋子密不透风，但满奋见外面风动树摇，仍然吓得浑身发抖。武帝问他原因，满奋说我怕风，“臣犹吴牛见月而喘”——我就跟吴地的牛一样，一见月亮就吓得大喘啊。

工匠凿山挖洞，修成墓穴，把专诸用的那把鱼肠剑拿来殉葬，此外还有兵器套甲六千副，金珠美玉不计其数，把墓穴都堆满了。

入葬之后，夫差又把工匠们一个不留全杀了。三天以后，有人看见墓穴上面蹲着一只白色的老虎，因此就给山取名叫虎丘山。后来，有学问的人认为，那只白虎，是埋藏的珍珠宝贝的气儿聚集而成的。

几百年后，秦始皇派人凿山挖洞，发掘阖闾的墓穴，想找到那把稀世鱼肠剑，结果一无所获，凿山的地方于是成了深涧，就是今天的虎丘剑池。

向历史借智慧

一招鲜，吃遍天

创新是一种美德，更是一种生产力，所以有了“一招鲜，吃遍天”这句话。落后的越国在新崛起的强大吴国面前，要人才没人才，要战备资源没战备资源，就连玩兵法也玩不过吴国，硬碰硬根本不是对手。但越兵出奇招，就是搞野蛮的阵前自杀表演——这太高难度了，所以吴兵看得心发颤、腿发软、手发抖，仗都没法打了。凭借这种新奇的攻心之术，越国转危为安。可见，连打仗也是需要创新的，好的创新可以收获意想不到的效果。

勾践尝粪

吴王夫差即位后，发誓要为老父亲报仇，靠着老臣伯嚭和伍子胥的帮助，几年后，他发兵攻打越国，终于把越王勾践打得跪地求饶。勾践也被迫到吴国去做长工赎罪。

在吴国，勾践夫妻和第一智囊范蠡卖力地为吴王喂马，不知不觉，一晃三年。三人天天盼望着，他们无怨无悔的奉献能够感动吴王，吴王好放他们回国。

夫差心软，早有放人的心思了，但是架不住老智囊伍子胥的警告，这事就一直没个眉目。

一天，夫差在姑苏台乘凉，远远望见勾践和夫人端坐在一堆马粪旁边，范蠡拿着马鞭子笔直地站在他们的一侧，也就是说，这三人仍然保持着君臣、夫妇之间的礼仪。

夫差那时非常感动，笑着对伯嚭说：没想到，野蛮人也这么懂礼貌。伯嚭赶忙说：那是那是。聊了几句，夫差就有意放他们三人回去，把吴王的菜地——越国管理好。

庙堂真相

励志学的祖师爷

夫差为了报仇，没事时就让人对着他喝一声：杀父之仇你忘了吗？勾践更绝，天天睡在草堆里，梁上挂一苦胆，每天尝一口，又让人对自己嚷嚷：你忘了在吴国三年的屈辱了吗？这两位都是励志学的祖师爷。

一向收受勾践贿赂的伯嚭一看，可以向勾践交差了，于是偷偷派心腹把喜信报告给了勾践。三个人一听，那真叫欣喜若狂啊，就一门心思静等好消息。没想到，转天，伯嚭就来找勾践到夫差那里训话。三人一听，大失所望。心想，这是怎么回事啊？原来，第一智囊伍子胥得知夫差有意开脱三人，非常生气，一番义正词严，夫差就不好意思再这么使小性子了。

勾践在宫外一连等了三天，夫差也没想起见他。第四天，伯嚭捎来话说，你回去吧，大王病了，拉稀。我已经给你在大王面前道了歉，你心里有数就行了，这次训话就免了。勾践这才千恩万谢地回去了。

回去后，君臣一见面，范蠡说，这次怎么三四天才回来？勾践唉声叹气说：那死鬼病了呗，拉稀。范蠡一听，当即嘿嘿地笑起来，说，恭喜大王，咱们有救了。勾践严肃地说，这话怎么讲？

范蠡就严肃地对勾践一番开导。勾践明白了，但却愁眉苦脸，非常为难，说：从前，我听从先生您的建议，来这里做长工，我都没什么怨言，只是这事，就不是人干的。

范蠡又严肃地对勾践一番开导，说：最主要是我的身份太低，

野史秘闻

古人相交

春秋时吴国张胥鄙、谭夫吾两人本来是朋友，后来因为一些事绝交。不久张胥鄙犯事要被处死，谭夫吾带人劫法场。成功劫出后，张胥鄙却并不领情，认为双方已经绝交，就不能再接受对方的相助，于是撞墙而死。谭夫吾一想，自己竟然不懂朋友的心，干脆也死了算了，于是自刎，两人去地下纠结去了。

否则，臣是义不容辞啊。您去办，那效果绝对……什么投入，什么回报啊。接着又摆事实，讲道理，说人家周文王为了越狱，还吃过自己孩子的肉做的炸酱面呢。

这一番，说得勾践勉强同意了。转天，夫差让伯嚭为自己带话，说想探探大王的病，也是尽奴仆的一点孝心。夫差正在萎靡中，那是非常渴望有个人跟他唠嗑啊。

于是两个大王一见面，勾践说了许多热乎话。没几分钟，夫差又要拉稀，于是勾践毕恭毕敬地站在门口候着。等夫差方便完了，勾践紧忙说：臣在东海曾经向高人学过医道，看一眼人的粪便，就能知道病情。

夫差一听，那是非常好奇啊，就叫勾践照办。内侍把马桶搬过来，勾践跪在地上，揭开桶盖，用手沾了点粪便，放在嘴里尝了尝。左右内侍见了，瞠目结舌，惊为天狗。

狗之所以吃屎，是因为没有胃，味蕾也不发达。

勾践的味蕾特别发达，所以满口余臭。尝过了粪便，勾践又磕了个头，说：恭喜大王，您的病不碍事，再过两天就好了。夫差问，有这么神奇吗？

社会风情

臭老九的来历

知识分子曾经被称为“臭老九”，这个称呼其实来自元朝。元朝统治者把人分为十等：一官、二吏、三僧、四道、五医、六工、七猎、八民、九儒、十丐。儒，就是知识分子。另有一说是七匠、八娼、九儒、十丐，把娼妓排在知识分子前面，但他们都被归入对国家和社会没有用处的人中。

勾践就对夫差春、夏、秋、冬，黄帝、伏羲地一番讲解。总而言之，您的病不久就好了。夫差听了，感动得鼻涕都快下来了。

当时伯嚭也站在旁边，夫差就问他：这——你能做到吗？伯嚭腼腆地说：臣虽然非常敬爱大王，但做不出这样的事。夫差感叹地说：不但是你，就是我的亲儿子也做不到啊！

夫差当下就叫勾践搬出石屋子，找个地方住下，说等我病好了，就放你回国。

勾践跪拜谢恩，退了出来。

转天，夫差的病果然好了，他非常高兴，就在家里大摆酒席，派人请勾践赴宴，刚一见面，就以君臣之礼待他。伍子胥一看大怒，知道夫差这个软蛋又昏头了，也不给面子，拂袖而去。

伯嚭一看，撇撇嘴说：只有苛刻的小人才不合群，善良的人都会捧场的。不用说，宴席照开。散席之前，勾践回国的事就定了。

到了第三天，夫差又摆酒设宴，亲自为勾践送行。叮嘱一番，要好好记住我的恩德，回家好好地给我管理菜地。最后他亲自把勾践扶上车，目送他们向南而去。勾践站在车上扭着头露出黄黄的牙齿，向夫差不怀好意地笑起来……

向历史借智慧

创业要学会身段柔软

古人说过，大丈夫能屈能伸；古人也说过，士可杀不可辱。到底是屈还是不能屈？两种讲法都有道理，似乎很纠结。一位成功的商业人士讲过一句话：如果是给老板打工，只要不痛快，随时都可以挂冠而去，雄赳赳气昂昂地炒老板的鱿鱼；但如果自己是老板，那就没办法了，一切为了公司，天大的事，你就忍着吧！这就是说，创业者一定要学会身段柔软，该妥协时就得妥协，忍耐是没办法时的办法。

艾陵之战

齐国的一把手陈恒专权，想设法干掉大将国书、高无丕等人，就让他们率十万大军去讨伐鲁国，理由嘛，上次鲁国欺负了咱国君的小舅子邾子益，这仇必须报啊。

这时候，孔圣人正在鲁国研究《诗》《书》《礼》《易》等学问，听说齐国起倾国之兵要来找碴，就打发三好学生子贡去摆平这件事。三好学生子贡可不是闹着玩的，一趟齐国，一趟吴国，一趟越国，出了三趟差，这事就办妥了。结果是：鲁国太小，不值得一打，陈恒决定给诸位将军找个势均力敌的对手——吴王夫差。越王勾践对夫差大抛媚眼，表示愿意出兵赞助，于是夫差决定放心放胆地去和自己霸业的绊脚石——齐国——干一仗。鲁国一高兴，也愿意给吴国打下手。

说干就干，公元前 484 年，吴王夫差集结了十万精锐部队，一路北上，然后绕道齐国西面的鲁国，自西向东，接连攻下齐国的博城和嬴城，气势汹汹地向齐国的都城临淄杀奔而来。

庙堂真相

子贡是个好学生

孔子的学生子贡，又称端木赐，这人赚钱能力强，孔子出国旅游，经费主要就由他赞助；外交能力强，子贡一出马，国际格局就变了样。不过孔子最喜欢的学生还是颜回，颜回最大的长处就是听话。看来，在领导眼里，听话才是第一美德啊。

这边，齐国领导人也不含糊，率大军从汶水沿淄水而上，迎头截住吴军。两军在艾陵遭遇，仓促中，吴国先锋官胥门巢被齐兵击溃。

齐国大将国书一看，吴军也不咋地嘛，就命令士兵，下次开战前，每人带长绳一条，为什么呢？因为啊，吴人的习俗，都不留头发，脑袋咔嚓下来，没法捎带，就用长绳子来对付了。

没几个时辰，吴王夫差率大部队赶到，大骂胥门巢丢脸。这时候，鲁国友军也前来会合，大军在艾陵西五里安营扎寨。

第二天，国书和众将正在中军大帐内部署军队，陈恒的弟弟陈逆带着领导的殷切期望到了。两件事：我这次来军中的任务是监军；第二件，我大哥下了死命令：只许前进，不许后退。

国书见一把手这么关心战士们，顿时热血沸腾，和诸将高呼：我们发誓和南人决一死战！

这边，夫差一看，齐国的士气不错啊，咱们长途奔袭，给养是个问题。古人教导说：速战速决，于是他加紧部署，大战一触即发。

这天一早，两军出营，废话没有，就摆开了阵势。夫差命胥门巢指挥上军，负责挑战；王子姑曹指挥下军，负责接应；展如

社会风情

鸣锣与击鼓

锣和鼓是两种乐器，常常被搁在一起用，其实，两者的作用是不同的。在战争中，鸣锣就是收兵的意思，打仗的人该停下来，回营了；击鼓，就相当于吹冲锋号，该出兵了。在政治生活中，官员外出时，会鸣锣开道，意思是锣声一响，行人都要避让，请官员先过；官员坐堂时，会击鼓升堂，或者老百姓来报案也是击鼓，叫击鼓鸣冤。

指挥右军，负责截杀；他亲自指挥中军，偷偷摸摸地抢个高处，做救火队。

齐军也不含糊，也来个上、中、下三军对抗。监军陈逆让众将口中含一块玉石，以示视死如归。按齐国人的风俗，人进棺材时口中就含玉。士兵们都高呼口号：怕死不来这里混饭。国书听了，慨叹地说：有这样的战士，何愁南人不灭呀。

夫差看得不耐烦了，就下达作战命令。还是让胥门巢做先锋，定下规矩：只许败，不许胜，要的就是引诱齐国人全力往前冲。胥门巢就领了三千越军叫阵去了。齐国人一看，这不是前些天的手下败将嘛，于是并没放在眼里，派了一支小分队前去迎战，胥门巢一看，回马就走。

没走多远，鲁国人哗哗地跑上来帮忙，胥门巢也回转身来助攻。总指挥国书在后面一看，不好，要吃亏了，赶紧派出增援小分队来。这边胥门巢可是牢记命令，许败不许胜，见齐军人手多起来了，拨马又跑，齐军急追不放。不一会，吴国也放出一支分队来帮忙，齐国人的两支小分队眼看又占不着便宜了。这样打下去可不行啊，这些南人太可恶了，总指挥国书手一挥，齐军呼啦一声，一齐出阵。

野史秘闻

五大刺客

春秋战国时期的五大刺客是曹沫、专诸、豫让、聂政和荆轲。鲁国大将曹沫英勇盖世，但与齐国打仗却三战三败。后来曹沫在谈判桌上突然发威，挟持齐国领导人，要他废除条约。专诸刺杀目标吴国领导人僚时，如〝慧星袭月〞。聂政刺杀目标时，如〝白虹贯日〞。最不幸的刺客就是豫让，连续三次刺杀目标赵襄子都不成功。荆轲刺杀秦始皇未遂，声称是想活捉秦始皇。

吴军招架不住，且战且走。

这时候，就听吴军后方一片锣响，齐军领导人一听大喜，哟呵，南人认输了，于是一声呐喊，追杀过去。

没想到，半道上一队人马斜蹿而出，将齐兵截为三段。

原来，这是夫差临时约定的暗号，这次响锣，其实就是擂鼓进军的意思。这时候，就见败退的南人，铺天盖地杀过来，不用说，齐军阵脚大乱，首尾不能相顾。双方一场混战，直杀得天昏地暗，日月无光，几个时辰之后，方才尘埃落定。

战斗结果是：十万齐军，全军覆没，八百战车，尽归于吴，战将也死了一大片。吴、齐艾陵决战，以吴军完胜告终。

艾陵之战，是春秋时期规模最大、最彻底的歼灭战，同时也是我国战争史上较早使用预备队的著名战例之一，打这以后，预备队的作用为历代兵家所重视。

这次战役，夫差有几处值得表彰的地方：在战略上，知己知彼，头脑清醒，指挥果断，调度有方；在战术方面，部署错落有序，散而不乱，有诱敌队，有接战队，有救火队，突破了前人三军正面硬碰硬的陈规，值得后人学习借鉴。

向历史借智慧

每个人都有自己的战场

阖闾之死，正是为夫差和勾践的出场让出了舞台。如果说征服落后的越国、报父亲之仇，还只是新霸主夫差的牛刀初试，那么艾陵之战，就是夫差在自己的战场上最重要的收获。但不久之后，胜利冲昏了这个新霸主的头脑，夫差对敌人越国过于放松，自己沉溺于酒色，终于招致灭顶之败。每个人都有自己的一片战场，只有努力打拼，付出辛勤的汗水，才会赢；也只有坚持和谨慎，基业才能长久。

黄池会盟

艾陵之战，吴军狂胜齐军，齐国元气大伤，齐简公不得不与夫差订立了城下之盟，答应按月进贡。

不用说，这样的好消息，再次勾起了夫差称霸中原的野心。

回国后，他决心将这事办了。伍子胥一听，这才消停几天又要闹，迟早会被越国吃掉。夫差一听大怒，去死吧，将宝剑往伍子胥面前一丢。伍子胥一看，主子这是老糊涂了，没治了，也知趣，就抹脖子自杀了。

大家伙儿一看，一级智囊都自行了断了，咱们算老几，于是都不言语了，他爱怎么折腾怎么折腾，夫差也乐得耳根清净。

转天，夫差亲自领精兵数万，由水路北进，长途跋涉近两千里，到达宋、卫、郑、晋四国交界之处的黄池，准备与晋、鲁等中原国君会盟，掰弄明白究竟谁是大哥。

喘口气，夫差派人去请晋定公来参加盟会。晋定公一听，明摆着不是南人的对手，不敢不来。于是，夫差命王孙骆与晋国上

庙堂真相

遇上一个好领导很重要

伍家两代人，伍奢和伍子胥，都是能力非凡之辈，但都没有好下场。伍奢和大儿子伍尚，都被楚平王所杀。伍子胥好不容易逃出楚国，又费了九牛二虎之力，帮吴王整出一支强大的军队来，大败楚国，报了父兄之仇；但十多年后，因为吴越问题，被逼自杀。父子两代死于非命，都是因为没有遇上一个好领导。伍子胥临死前说：死后把我的眼睛挖出来，挂在城门上，我要看到越国是怎样灭掉吴国的。

卿赵鞅草拟盟书，准备回头在大会上发言。

没想到，赵鞅是个刺儿头，一点儿不懂得见风使舵，不用说，两人为吴、晋两国谁为盟主的事发生了争执。

正争执不下，吴国老家派密使来见吴王说：越军已经攻入吴国啦。这群人杀死了太子，烧毁了姑苏台，眼下，已将都城团团包围了，情况十分危急，大王，您看这事怎么办才好？

夫差一听，大惊，还没回过神来，就见伯嚭拔出佩剑，咔嚓一声将使者斩了。夫差严肃地问：你拿他出气干什么呢？

伯嚭说，眼下，事情的真假虚实还弄不清楚，要是留下他，将消息泄露，齐国和晋国能不乘机攻击咱们吗？要是这样，大王您还能安全返回吗？

夫差心想，你说的也是。就问，眼下，晋定公那老家伙又不识趣，咱家里又来告急，你看我是放弃会盟打道回府呢，还是参加盟会，将这把交椅让给那老家伙，再打道回府呢？

王孙骆在一旁说：都不好，都不好。您想想啊，咱们不参加会盟匆匆返回，诸侯们必会觉察咱们家里有不妙的事情。参加盟会却将盟主之位让给晋国，咱们以后必会受制于人，这一趟，咱

野史秘闻

商界祖宗

你知道商业界奇人范蠡如何预测市场吗？他是根据“五行”的变化来推算。年末时，他就开始推算第二年的天时，农业的收成是好还是坏，于是开始动手准备货物。被中国人称为商业之祖的战国人白圭，做生意的秘诀是：粮食丰收时他买进谷物，卖出丝漆；待蚕丝上市时就大量收购蚕丝，售出粮食，翻转腾挪，成为巨富。

不是白来了吗？小臣认为，只有夺得盟主之位，才能保证咱们回去一路平安。

夫差就问：依你的意思，用什么计策才能夺得盟主之位呢？王孙骆说：事情紧急，请大王鸣鼓挑战，先打掉晋人的气焰。

夫差一听，心想，看来只能玩横的了。于是，当夜传下军令，午夜造饭喂马，天亮前，在晋军营前列阵，讨个说法。说干就干，天不亮，大军开到晋军营前，列阵完毕，夫差亲手擂响战鼓，军中万鼓响应，声音震天动地。

晋国军队一听，大吃一惊，怎么回事，这是？于是赶忙派大夫董褐到这边探看动静。两下里一见面，夫差对董褐说：周天子有旨，命我为诸侯盟主，眼下，你们大王违抗天命，与我争位，这样拖下去也不是办法。我也不愿麻烦两国使者跑来跑去，怪累的，所以特领军来到贵国营前，听候消息。

董褐回营报告晋定公。晋定公有意让贤，赵鞅不乐意。董褐就对赵鞅说：我看吴王口头强硬，神情却是忧心忡忡的，莫不是越国人借机又和他们干上了？依我之见，眼下，不让吴人做盟主，咱们必定会吃亏，不如姑且让他一让，但也不能白白让他，一定

典故制度

盗憎主人

春秋时，晋伯宗为人正直，在朝廷上常直言不讳，惹恼了很多人。妻子常劝他说："盗憎主人，民恶其上，好直言，必及于难。"——盗贼憎恨被他盗窃、抢劫的主人，民众厌恶欺压他们的统治者，说话做事太直白的人，必然会受到磨难。后来伯宗果然因为结怨过多而被杀。"盗憎主人"这句话很值得玩味，明明盗贼是害人者，而财产的主人仅仅是无辜受害者，但是盗贼对于被其所害的人，却有一种莫名其妙的憎恨。

要使他去掉王号，也算灭一灭他的威风。

赵鞅将此事奏明晋定公，晋定公大喜，同意照办，就派董褐向夫差传达晋定公的话：大王将周天子的旨意宣布给我们诸侯，我们君主不敢不遵。但贵国本是一个伯国，现在却以王号来做盟主，这未免有轻视周室之嫌。因此，只要吴大王肯去掉王号，称公，我们将非常愿意听从您的号令。

夫差一听，火烧眉毛了，不能再计较了，顾不得咬牙切齿，痛快地答应了，回头便将军队撤回自己的地盘，自称吴公，与晋、鲁、卫仨哥儿们举行了会盟，这才心急火燎地打道回府。

夫差雄心万丈，乃有黄池之会。勾践乘虚伐吴，吴国从此一蹶不振。几年后，勾践大举攻吴，夫差完败自杀。这样看来，黄池之会，无异于是夫差为自己敲响的丧钟啊。

向历史借智慧

形象工程害死人

国君好面子，最有面子的事情就是在诸侯中称霸，被人恭敬地称作大哥。行有余力的话，找几个诸侯来开开会，过过做盟主的瘾，顺便也给自己捞点好处，这还说得过去；但也有实力、地位还不稳，就急匆匆地上马这项形象工程的，其结果则是适得其反。一个人，太要面子了就会活得累，所谓死要面子活受罪，苦的是自己。所以好面子要量力而行才好。

勾践灭吴

马夫勾践回国后，立志报仇，他怕自己过得太舒适，会忘记仇恨，就变着法子折磨自己，比如，冬天抱冰，夏天烤火，抹辣椒水，睡柴草堆，又在屋子里吊上几只苦胆，吃饭、睡觉前都要尝一尝。

要复仇，要发展生产，都需要人口，越国本来就不大，上次一场败仗，家当都没了，于是，勾践就制定了几条政策，鼓励生育，什么女子十七岁前必须出嫁啦，男子二十岁前必须结婚啦；生个男孩，赏一壶酒、一只狗啦，生个女孩，赏一壶酒、一口猪啦；等等，总之，人是生得越多越好。

这些还不算，勾践自己还带头下地劳动，他的夫人也亲自纺纱织布，给老百姓做表率。他又派人到深山里采集葛麻织成细布，用黄丝织成细绸，献给吴王，让他安心玩乐，不要有事没事盯着他勾践。

吴王一高兴，也就赏了大块的土地给马夫勾践，勾践乐得都合不拢嘴。吴国智囊伍子胥听说了这些事，心说，没治了，就推

庙堂真相

国君报仇，二十年不晚

从前494年到吴国做奴仆，到前473年终于彻底解决吴国，算起来，勾践的复仇史竟然经过了二十多年的时间，真是漫长！这二十多年里，勾践大人想必从来没有真正地笑过、开心过，美食送给了吴王，美女送给了吴王，身边的人也都和他一样不快乐，或者说，不敢快乐，这样的日子，他觉得幸福吗？

说有病，不去上朝。

夫差见马夫勾践脾气对味，就放心大造姑苏台，准备在那里靠着美人儿，听着小曲儿安度晚年。马夫勾践一看，欢迎欢迎呀，转天，就将深山老林里的木头砍出来，孝敬吴王。吴王感动得眼泪都出来了，子胥的劝告都是耳旁风。

紧接着，第二智囊文种又给马夫勾践献上了七条计策，专门对付老熟人。第一条，金银财宝大大地送；第二条，建筑材料大大地送；第三条，美女大大地送；第四条，粮食大大地借，掏空他的国库；第五条，派会耍嘴皮子的去，扰乱他的规划；第六条，劝他多杀喜欢多嘴的；第七条，咱们不声不响地招兵买马。

接下来，就开始付诸实施了。转天，马夫勾践派出身边的近侍百人，让他们与善于相面观色的人一同在国内暗暗地寻访，不费吹灰之力就找到了一二百个美女。

其中，有两名堪称绝色，一个叫西施，一个叫郑旦。马夫勾践一看，就说，得了，我看着这两位还是留给我吧。文种说，别呀，现在还不到您享福的时候。马夫勾践这才作罢，尽管晚上做梦还经常梦到。

社会风情

美女西施

传统上把西施、貂蝉、王昭君、杨玉环四人，并称为四大美女。春秋时代，西施第一个出场。西施有多美呢？据说她在水边洗衣服，水里的鱼看见她，都忘了自己在游泳，猛地一下沉到水底去了。在越国灭吴的战争中，西施做出了杰出贡献，战争结束后，她去向不明。一种说法是，大臣兼才子范蠡带着她偷偷跑了，远离政治纷争，去过王子和公主般的幸福生活了。

马夫勾践亲自将两位美人送到离宫土城，让老乐师教二人学习歌舞礼仪。没几个月，她俩就从培训班结业了。转天，勾践派人把她们献给吴王夫差。吴王心想，完了，我又要犯错误了，收下。

夫差自从得了西施，便以姑苏台为家，不论是谁，都不见。西施可谓是千古大侠，越国的中兴名臣！

没几天，文种严肃地来向吴王告急，越国闹饥荒了。吴王这回同意提供援助了，笑眯眯地大手一挥，一万石，拿去吃吧，记住啊，明年一粒不少，还给我啊。

转年，马夫勾践还回一万石，颗颗像黄豆那么大，像是用尺子量过的，说，都是精选的良种啊。吴大王一高兴，分下去种了，推广。这年秋天，颗粒无收，心想，水土不服啊这是？其实啊，人家早就让它流产了，还回来的谷子是蒸熟了的。

边破坏人家，马夫勾践自己家里也不闲着，征兵，买马，造武器，训练，对砍，打水仗，等等吧。吴国智囊伍子胥看出了苗头，见了吴王就哭：大王啊……还没开口，吴王火了，去去去，你就不许别人有自卫队呀。

这样一晃过了六七年，马夫勾践准备得差不多了，就想动手。

一句话读历史

范蠡：飞鸟尽，良弓藏；狡兔死，走狗烹

吴越争霸，越国能够消灭吴国，文种和范蠡的功劳最大。所以，国王勾践任命文种为丞相，范蠡为上将军。范蠡拒绝，带着全家悄悄离开越国，并给文种写信说："飞鸟尽，良弓藏，狡兔死，走狗烹。"勾践只可共患难，不可同富贵。文种不信，没多久，勾践派人给他带了一句话：先生教我七种灭吴的办法，寡人只用了三种，就把吴国给灭了；还剩下四种没有用，请先生带给先王吧！文种被迫自杀。

文种说，不急，他还兵强马壮呢，再等等。没几天，听说吴王准备不远千里去和齐国干仗，马夫勾践心花怒放，赶忙献上自卫队三千猛人，愿意打前锋。

没想到，这一仗下来，齐国十万人马全军覆灭，吴王的实力更强了。马夫勾践又犯愁了。文种说，不急，您也知道，他爱折腾，再等等。不久，机会就来了。

这一回，吴王率一队人马，准备乘船去卫国的黄池，和晋成公论一论谁是大哥。不用说，第一智囊伍子胥又呼天抢地的。同事伯嚭撇撇嘴说，都是假的，口是心非，不瞒您说，上次他到齐国下战书的时候，他儿子都在那边认了干爹。

不用说，吴王一发怒，伍智囊就殉职了。

这边吴王刚到黄池，马夫勾践手痒痒得不行，就发动了猛攻。吴王家里剩下的都是老弱病残，不是对手，眼看就要攻下皇家俱乐部——姑苏台了，吴王蔫不唧唧地回来了。

两军一交手，吴王养尊处优多年了，不是对手，守着孤城求饶，也愿意做马夫。文种一看，咱们也消耗得差不多了，他狗急了会跳墙的。咱们已经给他掏空了，十年之内，他翻不起浪花，暂且

社会风情

冰人媒婆

古时候，凡婚姻必须有媒人牵线搭桥，所谓“媒妁之言”，无媒不婚，所以媒人这一职业很受欢迎，民间常称之为“月老”，取千里姻缘全靠月下老人的一丝红线来牵的意思。媒人又称为“冰人”，古代习俗认为，嫁娶吉时应是春秋季节，而冰天雪地的冬季正是媒人为男女撮合牵线之时，故有“冰人”之说。后来又有了“红娘”等说法。

放他一马，就班师回朝了。

到这里，败军之将吴王也老了，左臂右膀全没了，再也没有什么雄心壮志了，骂人的力气也没有了，天天只想着有哪天也能够给越王喂马。

公元前 473 年，马夫勾践也休息得差不多了，于是再次将大部队开到吴王的鼻子底下，一个回合，吴王就逃回都城，坚守不出，求饶，也愿意做马夫。

马夫勾践说："从前，上天把越国给了吴国，吴国不接受；现在，老天把吴国给越国，我不敢拒绝。"于是，吴王夫差自杀，带着他的霸主名号离开了人间。

向历史借智慧

皇天不负苦心人

从前的当牛做马、尝人粪便，之后的卧薪尝胆、节衣缩食，前后加起来二十多年的辛苦，到今天，都终于有了回报，灭掉了死对头吴国后，春秋时代的最后一个霸主——强大的越国崛起了。不论勾践这人是不是讨人喜欢，但他的能吃苦能耐劳这一点，确实很值得后人学习。天道酬勤，老天不负苦心人，努力和坚持，百分之九十九的汗水，加上一点运气，就一定能心想事成！

学习笔记

学习笔记

图书在版编目（CIP）数据

一口气读懂中国史／将进酒·黄 著．—北京：东方出版社，2020.1
ISBN 978-7-5207-1206-4

I．①一… II．①将… III．①中国历史－古代史－青少年读物
IV．① K220.9

中国版本图书馆 CIP 数据核字（2019）第 198578 号

一口气读懂中国史·春秋故事
(YIKOUQI DUDONG ZHONGGUOSHI · CHUNQIU GUSHI)

作　　者：将进酒·黄
责任编辑：辛春来
出　　版：东方出版社
发　　行：人民东方出版传媒有限公司
地　　址：北京市朝阳区西坝河北里 51 号
邮　　编：100028
印　　刷：三河市嘉科万达彩色印刷有限公司
版　　次：2020 年 1 月第 1 版
印　　次：2020 年 1 月第 1 次印刷
印　　张：70（全 10 册）
开　　本：880 毫米 ×1230 毫米　1/32
字　　数：1570 千字（全 10 册）
书　　号：ISBN 978-7-5207-1206-4
定　　价：268.00 元（全 10 册）
发行电话：(010) 85924663　85924644　85924641
